L'INSTRUCTION

PAR

LE CONDAMNÉ

LETTRE

A M. LE PREMIER PRÉSIDENT DE LA COUR DE RENNES

PAR

ALBERT DE LA SALLE

Ancien Président du Tribunal Civil de Quimperlé.

« Une main étrangère »
Enquête disciplinaire.

QUIMPERLÉ
IMPRIMERIE TH. CLAIRET
1886

MONSIEUR LE PREMIER PRÉSIDENT,

Je veux mettre la lettre que j'ai l'honneur de vous adresser sous la protection d'une pensée qui nous est commune à tous deux, c'est que les questions d'honneur sont les plus importantes de la vie civile.

Je sais depuis longtemps que, pour échapper aux responsabilités qui pèsent sur tous ceux dont les actes ou les abstentions ont provoqué ou permis l'Arrêt disciplinaire de la Cour de Cassation, du 16 novembre 1882, prononcé contre moi, on a abusé de toute parole sortie de ma bouche, de toute impression légitimement communiquée, pour en tirer des présomptions en faveur d'une décision judiciaire absolument contraire à la vérité.

Les serments publics que j'ai prononcés vous feront comprendre, Monsieur le Premier Président, pourquoi, après trois ans, je reviens sur cette affaire qui, d'ailleurs, à cause de ma double compétence de magistrat et de victime, maintient et maintiendra toujours en moi l'épouvante des premiers moments.

Afin de rendre intelligibles à tout lecteur les explications que j'ai à vous donner, il est indispensable que je les fasse précéder ici d'un exposé succinct de faits.

Le 13 janvier 1882 j'ai, comme témoin assigné à la requête du Ministère Public, déposé devant la Cour d'Assises du Finistère, dans une affaire en diffamation poursuivie contre les sieurs Harin et de Mauduit, à la suite d'un article inséré dans le jaurnal *le Publicateur du Finistère,* du 11 novembre 1881.

Cet article reprochait à M. le Procureur de la République de Quimperlé d'avoir écarté d'un dossier envoyé à la Cour, après un appel interjeté, un certificat de médecin produit en première instance, et d'avoir clandestinement reporté cette pièce à la Chambre du Conseil, après réformation, au profit de la partie condamnée, du jugement obtenu sur poursuites d'une partie civile.

Le fait de la disparition et celui de la réapparition du certificat étaient absolument vrais ; l'arrêt partiellement infirmatif était, d'ailleurs, motivé sur son absence.

Une plainte m'avait été faite et j'avais dû procéder à une enquête. Or, mon assignation comme témoin devant la Cour d'Assises avait eu pour but réel de démontrer que j'avais rendu le certificat retrouvé par moi afin qu'il figurât dans l'article diffamatoire.

Mon interrogatoire par M. le Président des Assises et le réquisitoire de M. le Procureur Général s'efforcèrent, mais vainement, de soutenir cette thèse.

L'auteur de l'article incriminé et le journal *le Publicateur du Finistère* furent acquittés.

A l'issue de l'audience, je me suis rendu à mon hôtel où j'ai dîné à la table d'hôte ; et, après, je suis allé avec ,un magistrat également témoin dans un café voisin où j'ai pris une tasse de café seul à seul avec mon collègue.

Le lendemain matin, en me promenant dans la ville de Quimper, j'ai cru reconnaître dans un groupe de personnes qui s'avançait du côté opposé à moi, M. le Procureur Général de Rennes ; je me suis arrêté et je suis revenu sur mes pas. Quelques heures après j'ai encore rencontré M. le Procureur Général au guichet de la gare, à l'enregistrement des bagages. Enfin, le lendemain, 15 janvier, j'ai assisté, avec le Tribunal dont j'étais Président, à la cerémonie des prières publiques pour la rentrée des Chambres.

Or, de ces différents faits et des circonstances dont, par une série incompréhensible d'erreurs, une enquête les a entourés, on a extrait et poursuivi contre moi un certain nombre de chefs de délits disciplinaires qui ont été, les uns admis, les autres rejetés par la Cour de Cassation, qui tous, sont absolument contraires à la vérité, tous également antipathiques à ma nature, à ma conscience, comme ils le sont à la raison. En définitive, j'ai été, par arrêt du 16 novembre 1882, condamné à trois années de suspension de mes fonctions pour avoir, le 13 janvier 1882, dans un hôtel de la ville de Quimper, « *partagé le repas de prévenus acquittés ;* » pour avoir « *paru avec eux dans un café, et pris des consommations en leur compagnie ;* » pour avoir, le lendemain 14 janvier, « *offensé M. le Procureur Général et M. le Président des Assises.* »

Quant aux autres faits, la Cour de Cassation a déclaré qu'ils ne paraissaient pas « *suffisamment établis.* »

En présence d'erreurs judiciaires que je n'accepterai jamais, contre lesquelles il y a pour moi impérieux devoir de protester jusqu'à mon dernier soupir, erreurs auxquelles je ne reconnais aucun caractère de fatalité, je n'ai eu d'autre ressource que de prêter serment solennnel entre les mains de M. le Premier Président de la Cour de Rennes, de M. le Garde des Sceaux, à la face de toute la France, que tous les faits reconnus vrais par la Cour de Cassation, que tous ceux déclarés par elle non « *suffisamment établis* » sont absolument contraires à la vérité.

Je rappelle ici que, précédemment à l'arrêt du 16 novembre 1882, un arrêt de la Cour de Rennes, du 13 janvier 1879, m'avait condamné correctionnellement à cinq cents francs d'amende, et un autre de la Cour de Cassation, du 24 mars suivant, à trois mois de suspension de mes fonctions, le tout en raison d'une protestation que m'avaient inspirée de violentes attaques dirigées à la tribune de la Chambre des Députés contre le Tribunal dont j'étais Président, et qui était accusé de rendre des décisions « *qui révoltent la conscience publique* ».

Il y avait donc un progrès sensible dans la guerre déclarée aux jugements du Tribunal, et les nouvelles poursuites avaient eu pour point de départ, non plus une protestation, mais ma seule et loyale vigilance, d'ailleurs requise par la partie intéressée, à la suite d'un jugement de police correctionnelle obtenu par elle, et modifié en appel au moyen du retrait d'un certificat de médecin constatant des blessures reçues.

C'était la protestation des faits eux-mêmes.

Contre elle les réquisitoires et les arrêts se trouvaient impuissants. Mais, était-ce donc ma faute à moi, qui défendais, de toute l'ardeur de ma conviction, M. le Procureur de la République Jousseaume, contre l'imputation d'avoir soustrait ou écarté le certificat, était-ce ma faute à moi magistrat poursuivi et condamné deux fois à cause de ma protestation de 1878, si, en 1881, j'étais, par la nature de mes fonctions, par le fait qu'un dossier avait été entre mes mains, et, surtout, par la logique inéluctable des impunités, destiné à recevoir la plainte d'un justiciable lésé ; si j'avais été sommé deux fois par lui de restituer la pièce qu'une basse intrigue avait replacée en vue sur mon bureau immédiatement après le succès de l'appel, et dans le dessein odieux de me rendre responsable de son absence dans le dossier adressé à la Cour ?

Au mois d'avril 1884 j'ai fait paraître une première protestation ; celle que je publie en ce moment est rendue indispensable par l'abus qui a été fait de mes paroles, abus dont je parle en commençant, et qui, en raison des serments que j'ai prononcés et du considérant de l'arrêt disciplinaire, du 16 novembre 1882, dont la teneur suit, me force encore à rompre le silence :

« Attendu, en outre, que, dans la matinée du « lendemain, le Président Collinet de la Salle « apercevant, sur le pont de Quimper, le Prési« dent des Assises arrêté avec le Procureur Géné« ral et deux autres magistrats, s'est détaché d'un « groupe dont faisait partie le sieur de Mauduit, « s'est avancé seul vers lesdits magistrats, sans « se découvrir, a affecté de les regarder fixement,

« en prenant à leur égard une attitude offensante ; « puis, a rejoint les personnes de sa société ; que, « quelques heures plus tard, à la gare du chemin « de fer, il a réitéré la même démonstration offen- « sante vis-à-vis du Procureur Général. »

Telle est la scène que la poursuite a fait accepter à la Cour de Cassation ; voici la vérité :

Du groupe dont il est ici question une infirmité de ma vue, datant de plus de trente ans, me défendait absolument d'apercevoir aucun des personnages à offenser. D'un autre côté, je n'avais pas l'infirmité d'esprit indispensable à la conception d'une telle œuvre.

De l'éloignement où j'étais des actes de complicité qui m'avaient été imputés, à l'audience de la veille, je n'étais point homme à aller au devant d'une autre complicité plus antipathique à ma nature, je n'étais point homme à m'associer, de ma volonté libre, au drame judiciaire qui venait de commencer, à courir au devant de magistrats si inconsidérément engagés, pour recevoir en quelque sorte de leur propres mains, en échange du rôle de victime dont je portais les nobles insignes, un rôle niais qui les eût exonérés à mon égard.

Enfin, de la sphère où je me tiens, il m'était interdit de soupçonner à quelles mesquines proportions on réduirait le sentiment honorable qui m'a subitement fait agir quand, craignant la présence de M. le Procureur Général parmi les personnes que j'allais rencontrer, je me suis inspiré, en me retirant, du respect que je me devais à moi-même et à ma situation.

Depuis ma première protestation on a eu l'imprudence d'insister ; voici ma réponse à ces nouvelles attaques :

Oui, il est très-vrai que, le 14 janvier 1882, à Quimper, voulant, par scrupule de situation, me séparer poliment de personnes, d'ailleurs très-honorables, qui venaient de m'aborder, et de m'apprendre que M. le Procureur Général et M. le Président des Assises se trouvaient aux environs, j'ai prononcé ces paroles qui, veuillez soigneusement le remarquer, n'emportaient par elles-mêmes aucune intention blâmable : eh bien, c'est le cas d'aller leur demander des explications sur leur attitude envers moi à l'audience d'hier.

Mais, il y a des explications qu'on ne demande pas ; mais, il y a des droits à une virile indignation dont un homme de mon âge ne compromet point la légitimité dans une sotte équipée d'écolier ; mais, il y a des plaisanteries que se permet un homme du monde pour rester muet sur les sentiments qui le préoccupent, sur le motif d'une retraite ; mais surtout, il y a des conversations dont, à une époque comme la nôtre, nul homme prudent ne consentira jamais à se saisir.

Oui, il est très-vrai que, rentrant à mon hôtel, et rencontrant de nouveau les mêmes personnes, j'ai dit que, partout et toujours, je montrerais que je n'avais rien à redouter de la présence de mes accusateurs de la veille ; mais, le complément de ma pensée que je n'avais point à exprimer, puisque je venais, à l'instant même de le traduire par un acte qui satisfaisait ma conscience et ma dignité, c'est-à-dire ma retraite à la vue de M. le Procureur

Général, le complément de ma pensée était que cela ne pouvait aller jusqu'à rencontrer volontairement des Magistrats à l'égard desquels les circonstances me défendaient expressément un acte public et spontané de déférence.

Le parti qu'on prétendrait tirer de ces incidents n'est donc que la continuation des méprises de l'enquête, méprises contre lesquelles, vous vous en souvenez, Monsieur le Premier Président, j'avais. sur le conseil d'un ancien Ministre de la Justice, l'honorable M. Tailhand, dont je vous ai adressé la lettre, tenté de vous prémunir. Mais toute audience m'a été refusée sous prétexte qu'il était trop tard. Trop tard pour sauver un magistrat innocent, et prévenir l'arrêt du 16 novembre 1882 !

Si les personnes dont on a invoqué les souvenirs n'avaient point compris, — et qui donc était appelé à comprendre quelque chose dans cet enchevêtrement inoui d'accusations, d'équivoques, d'imprudences qui venaient de se produire à l'audience de la Cour d'Assises du Finistère ? — si ces personnes n'avaient point apprécié, comme j'avais droit de m'y attendre, ce conflit de sentiments divers brusquement appelés à tourmenter mon esprit ; si elles n'avaient pas compris ma situation de magistrat outragé, publiquement traité comme témoin suspect, rédacteur ou inspirateur d'écrits calomnieux, et réduit à trembler, à chaque pas qu'il faisait, d'avoir l'air de se dérober..... eh bien, ces personnes seraient excusables. C'est la Justice qui perd ses droits à la faillibilité quand elle ne s'entoure pas des précautions protectrices de l'honorabilité des citoyens, surtout de ses membres, et qu'elle s'expose par là à des erreurs incalculables dans leur portée, puisqu'elles ne tendent à rien moins qu'à dérober à un homme un bien plus précieux que la vie : son honneur ? Que dire quand elle se trompe au point d'accommoder à des œuvres d'impudence et de parjure, que la poursuite seule a conçues, des matériaux empruntés à la délicatesse de l'homme, à l'intégrité du magistrat ? Que dire quand elle trouve intérêt à poursuivre, sous le nom de délits disciplinaires, des délits de droit commun aussi bien caractérisés que le seraient dans l'espèce *l'outrage par gestes à des magistrats à propos de l'exercice de leurs fonctions* ? Que dire quand les exploits les plus grotesques, gratuitement attribués au passant de la rue le plus inoffensif, se font vérités judiciaires de premier ordre ?

Ai-je besoin d'avertir que la scène de la gare du chemin de fer, la seconde de ces vérités judiciaires que j'appelle de premier ordre à cause de la juridiction qui les a proclamées, n'a jamais existé ? Mais M. le Procureur Général s'est senti frappé parce qu'il a bien compris que je me faisais un devoir d'honneur, une obligation de magistrat, de paraître en public, fût-il lui-même de ce public, le front vierge de la marque qu'il pensait y avoir empreinte.

Voilà l'outrage, et nulle décision judiciaire n'en changera jamais le caractère ; nul témoignage n'y ajoutera ce que je n'y ai jamais mis, ce que je n'y pouvais mettre parce que j'étais trop fort du droit pour m'adjoindre le secours compromettant de l'insulte.

Puisqu'il faut tout prévoir, si *des amis* ont dit — je ne me suis jamais enquis de ce révoltant détail — qu'au moment où je me suis arrêté, soupçonnant, dans le groupe de personnes qui venaient en sens contraire, la présence de M. le Procureur Général, j'ai craché ; alors c'est que le fait matériel a existé. Qu'est-ce à dire ? C'est que l'émotion produite par les accusations de M. le Procureur Général, et de M. le Président des Assises aurait été telle que le public, dont ils se seraient fait un allié inconscient, notait mes moindres actions, jusqu'à l'effet d'une crise physique, ou d'une impression morale. Qu'est-ce à dire ? C'est que les accusateurs auraient fatalement convoqué tout le monde à une scène indéterminée, la première venue ; qu'au moment opportun ils auraient pensé me saisir en flagrant délit d'un acte d'impudicité *sui generis*, qu'ils comprenaient et que je ne comprenais pas ; qu'ils auraient soulevé les voiles, et que moi, qui ne possédais pas une seule des fibres indispensables à un vil assouvissement, je ne me serais point caché.

Est-ce là le secret de cette lamentable histoire, et eût-elle jamais existé si les prétendus offensés ne s'étaient attendus à quelque délit, dirai-je ne l'avaient espéré ?

Qui ne voit, n'entend les accusateurs et les personnes qui les entouraient : — Attention ! — Il arrive. — Que va-t-il faire ? — Il s'arrête. — Il regarde. — Il a les yeux fixes. — Il a craché. — Vous avez tous vu ? — Certainement, M. le Procureur Général, il faudrait être aveugle.....

Si quelque substitut bien avisé eût jeté dans le

concert de congratulations qui dut suivre une simple note de bon sens : « moi, je ne suis pas très-convaincu, et, si nous ne sommes pas aveugles, notre collègue pourrait l'être quelque peu ; c'est plustôt nous qui avons eu tort d'aller au devant de lui ; le silence serait plus digne, plus délicat que nos dépositions » : ce héros eût été plus grand que César, car il eût ainsi franchi son Rubicon sans espoir de devenir jamais, comme son illustre prédécesseur, Procureur Général de la République. Mais, nous ne sommes pas forts en matière de Rubicon ; nous chantons en chœur :

« Dieu nous préserve du voyage,
« *Dieu nous préserve du passage*,

et nous contemplons les ronds faits par un crachat dans la rivière de l'Odet. Les soldats de Pompée sont si séduisants que ce serait vraiment dommage de s'exposer, non à aller les frapper au visage, mais à leur dire un seul mot désobligeant.

Le désir, l'attente du délit, quel sens profond, quelle intelligence pratique des choses judiciaires, et quel moyen infaillible de rencontrer le faux délit !

Le prêtre allant au devant du péché quand, en détournant les yeux, il le rendrait impossible, il en épargnerait à Dieu l'outrage, au monde, le scandale !

Eh bien, lorsque des magistrats ont eu la naïveté de croire qu'un de leurs collègues, outragé par leurs accusations, était lui-même assez naïf pour trouver, à la place d'une triple mortificaiton de l'amour-propre, une satisfaction quelconque à courir au devant d'eux, à leur *montrer les gros yeux*, et le reste ; quand ils ont eu le malheur de le faire condamner de ce chef, il n'y a, à une telle œuvre, qu'un seul remède possible : la confession de l'erreur, une publique rétractation.

Le véritabte offensé, leur victime, leur donne ici l'exemple en proclamant bien haut qu'un homme se déshonore à tout jamais s'il ose demander, sans droit, une pareille démarche.

J'ajoute que, pour me conformer aux conseils de l'honorable M. Tailhand, ancien Ministre de la Justice, à l'autorité duquel j'avais cru devoir me soumettre aveuglément dans des conjonctures aussi graves, j'avais fait offrir, par M. le Premier Président de la Cour de Rennes, à M. le Procureur Général et à M. le Président des Assises, toutes les satisfactions compatibles *avec l'honneur, avec la dignité du magistrat, avec la vérité ;* et, qu'en agissant ainsi, j'avais fait le sacrifice de mes impressions personnelles pour sauvegarder, autant qu'il était en moi, la dignité de la Justice si gravement et si inutilement compromise dans de pareils conflits.

Si je voulais trahir ici des délicatesses de conscience, mêler des choses intimes et saintes à la discussion de turpitudes ; si j'oubliais que des vérités de cet ordre seraient bien malavisées de se produire là ou les vérités matérielles ont perdu tous leurs droits, je dirais pourquoi toutes ces équivoques, pourquoi l'erreur des *amis*, si elle a existé, a été un des effets les plus immoraux de ce drame de la Cour d'Assises du Finistère dont, malgré ma plainte, on ne s'est point préoccupé, et dont les auteurs, après les déconvenues de l'audience, auraient dû se montrer plus circonspects.

Il n'y a donc pas, Monsieur le Premier Président, il n'y a pas la moindre illusion à vous faire sur le nombre et la qualité des erreurs, — je dirais des mystifications, si la gravité du sujet et le respect dû au Corps Judiciaire le permettaient, — sur le nombre et la qualité des erreurs qui ont été imposées à la Cour Suprême, erreurs contre le succès desquelles il fallait vous armer d'avance, afin d'en prémunir un jour, si besoin était, la Justice Disciplinaire, quand vous m'avez vu luttant, vous savez avec quels déboires, pour en éviter de semblables journellement suspendues sur la tête de mes justiciables. Si donc il est ici des aveux indispensables à cette dignité de la Justice, dont j'ai eu le tort glorieux d'avoir trop conscience, qu'on les recherche ailleurs que dans mes confidences au sujet d'actes de représailles qui, pour avoir semblé naturels à leurs prétendues victimes, n'en dépassent pas moins la portée de mon intelligence autant qu'ils seraient inférieurs à celle de mes griefs.

Victime, c'est moi qui réclame de votre justice un aveu bien autrement significatif, et qui doit vous paraître bien peu de chose en comparaison des tortures morales qui m'ont été imposées, c'es la déclaration, aussi solennelle que possible, que jamais vous n'avez cru à la vérité des conclusions, quelques unes infamantes, de l'enquête ; que, les connaissant, vous ne m'avez pas appelé dans votre cabinet, et avez refusé l'offre que je vous ai faite de m'y rendre. Cela seul suffirait à démontrer par quelle voie large l'accusation, que dis-je, l'avalanche des délits purement grotesques, et dont la description n'a que trop souillé ma plume, a pu se précipiter, comme pour répandre, à une époque où sonnait le glas de la Magistrature, quand quelques mois plus tard je devais mourir, sans coups de poignard et sans écrasement, comme pour répandre, si je résistais au choc de l'accusation principale, la ruine morale du ridicule là ou vingt-cinq années de nobles travaux, et des luttes inouïes au champ de la Justice indépendante et virile, avaient semé la considération et le respect.

Fatalité des choses ou Justice Divine, retours des événements ou puissance du droit qui, en définitive, n'est conçu et n'existe que pour prendre mission de combattre l'arbitraire et le despotisme, le despotisme judiciaire comme les autres despotismes, plus l'avalanche a été forte, plus je réclame ma moisson ; plus j'ai été foudroyé, plus je veux vivre ; et, de mon dossier le plus précieux, édifié par ma vigilance et scellé par mes justiciables, aucune pièce ne s'échappera pour permettre de modifier la justice à laquelle je prétends.

C'est pour ce motif que, moi aussi, j'ai dû procéder à une enquête dont je viens faire passer sous vos yeux les questions les plus importantes.

J'excepte de cette étude les rencontres avec manifestations outrageantes, dont je me suis suffisamment occupé dans les pages qui précèdent. Du reste, cette imputation profitera grandement des réflexions que fera naître l'examen de l'Instruction sur les autres délits.

J'ouvre mon enquête :

Comment se fait-il que, s'agissant d'une accusation d'outrages et d'actes odieux d'indélicatesse auxquels votre longue expérience de mon honorabilité et de mon caractère vous défendaient de croire, vous ne vous soyez point dit qu'il n'y avait au monde qu'un seul arbitre possible et compétent dans une pareille affaire : Vous, Monsieur le Premier Président, qui aviez primitivement la direction de l'enquête, et pouviez, même après qu'elle avait été faite par un autre, apprendre de ma bouche l'histoire de toutes ses incroyables méprises, rappeler vos Collègues et votre Délégué au sang-froid, et, en l'éclairant, rendre à la Justice, dont vous êtes un des Membres les plus élevés, un service digne d'elle et digne de vous ?

Comment se fait-il que, parmi les nombreux Magistrats qui se sont occupés plus spécialement de cette affaire disciplinaire, pas un n'ait signalé les trois grands traits véritablement caractéristiques de ses débuts, et qui sont :

1° De surgir de la disparition, après appel interjeté, et de la réapparition, après le succès de l'appel, de la pièce capitale d'un dossier, un certificat de médecin, avec cette circonstance que son absence a amené la réformation du jugement de première instance ;

2° D'étouffer la recherche des auteurs, quels qu'ils soient, de cette fraude sous le poids d'une accusation quelconque à diriger contre le Président du Tribunal, qui, ayant reçu la plainte de la partie civile lésée par la réformation du jugement, avait procédé à une enquête ;

3° Et, enfin, d'édifier l'accusation sur une date arbitrairement préconçue, absolument inexacte, de la restitution faite par moi du certificat retrouvé, avec cette circonstance que cette date erronée ménageait au Ministère Public la possibilité d'accuser le Président du Tribunal d'avoir opéré la restitution juste en temps opportun pour que la pièce pût figurer dans un écrit diffamatoire contre le Procureur de la République ?

Comment se fait-il que cette date erronée ait été indiquée par le Juge d'Instruction au Président du Tribunal qui déclarait ne l'avoir point retenue, et qui, n'en soupçonnant pas l'importance, l'a acceptée par déférance pour l'affirmation du Juge d'Instruction, et comme un résultat régulièrement acquis de l'enquête ?

Comment se fait-il que, tout en la dictant, M. le Juge d'Instruction ait ignoré la portée de cette date, ainsi qu'il l'a déclaré dans sa déposition devant M. le Conseiller Délégué où il dit textuellement : « Je n'ai jamais attaché aucune importance à la « date du 10 novembre 1881 ; et, encore aujourd'hui, « je ne comprends pas cette importance ? »

Comment se fait-il que ce Magistrat, ainsi tenu, par le Ministère Public, complétement à l'écart du sens de l'Instruction qu'il dirigeait, ne se soit pas instruit aux débats de la Cour d'Assises où il était assis tout près de M. le Procureur Général !

N'avait-il pas été témoin des efforts persistants tentés par M. le Président pour retenir la date du 10 dont les débats détruisaient invinciblement l'authenticité ?

N'avait-il pas compris, à tout le moins quelles

obligations spéciales lui créait alors le mode d'introduction de cette date dans l'Instruction ?

Pourquoi la demande que j'ai faite à M. le Président des Assises d'ordonner, sur cet incident, l'audition de M. le Juge d'Instruction n'a-t-elle pu aboutir ?

Pourquoi, au contraire, mes protestations ont-elles permis de libeller contre moi un chef d'accusation ainsi conçu :

« Attendu qu'à la même audience de la Cour « d'Assises, le Président Collinet de la Salle aurait « affecté une attitude irrévérentieuse vis-à-vis du « Président des Assises, et du Procureur Général « par des interpellations adressées à ce Magistrat, « au cours de son réquisitoire, et par des procédés « agressifs ? »

Pourquoi M. le Conseiller Délégué après m'avoir, pendant l'interrogatoire disciplinaire, donné lecture de la partie de la déposition du Juge d'Instruction ci-dessus rappelée, m'a-t-il, immédiatement et avec autorité, interdit tout commentaire de cette déposition dès qu'il a compris la portée de ma réflexion subite : « mais M. le Juge d'Instruction qui assistait « aux débats des Assises, derrière le fauteuil de « M. le Procureur Général, n'a point le droit de « parler ainsi, et de prétendre qu'aujourd'hui encore, « il ne comprend pas l'importance de la date rele- « vée par lui ? »

La prétention de M. le Juge d'Instruction de n'avoir attaché aucune importance à la date du 10 novembre 1881, n'était-elle pas l'aveu le plus

2

éloquent de l'irrégularité de l'Instruction qu'il avait édifiée, la condamnation des débats de la Cour d'Assises, qui en avaient été la conséquence, et la condamnation de l'enquête disciplinaire que je subissais au moment même, laquelle n'était aussi qu'une conséquence des débats de la Cour d'Assises ?

Cet instant solennel n'était-il pas invinciblement indiqué pour une confrontation immédiate entre M. le Juge d'Instruction et moi ?

Quelle eût été alors sa réponse à cette réflexion : « Mais, si vous ne connaissiez pas l'importance de « la date du 10 novembre, comment avez-vous jus- « tement omis de rapporter, dans votre procès- « verbal, que j'avais gardé chez moi, pendant un « jour au moins, le certificat retrouvé, ce qui fixait « au 11 novembre la date de la restitution, et non « au 10, comme le voulait absolument le genre de « délit contre lequel vous avez instruit, c'est-à- « dire la restitution empressée ? »

Est-il vrai que, le 13 avril 1882, j'aie adressé à M. le Premier Président de la Cour de Rennes une plainte sur l'illégalité de l'Instruction relative à la restitution du certificat, instruction qui, disais-je, en concluant, ne contient « *pas un mot de vérité sur les points qui ont sollicité l'attention de M. le Procureur Général, de M. le Président des Assises, soutenu leur argumentation, et alimenté les débats ?* »

Est-il vrai que, le 21 avril suivant, j'aie reçu de Monsieur le Premier Président, une réponse ainsi conçue ?

COUR D'APPEL
DE RENNES
—
CABINET
du
PREMIER PRÉSIDENT
—

Rennes, 21 avril 1882.

MONSIEUR LE PRÉSIDENT,

« J'ai trouvé, à mon retour, la lettre que vous « m'avez fait l'honneur de m'écrire, sous la date « du 13 de ce mois. Monsieur le Garde des Sceaux « est saisi de l'examen des faits sur lesquels vous « croyez devoir appeler mon attention, et vous « serez prochainement mis à même de fournir vos « explications. »

Agréez, etc.

Le Premier Président,

KERBERTIN.

Est-il vrai que Monsieur le Premier Président, à qui j'avais porté plainte, que Monsieur le Garde des Sceaux qui était, aux termes de cette dépêche, saisi de l'examen des faits, ne m'aient jamais communiqué le résultat de cet examen ?

Est-il vrai que l'examen des faits ait été remplacé par une poursuite disciplinaire au cours de laquelle il m'a été formellement interdit ce critiquer les erreurs de Monsieur le Juge d'Instruction ?

Comment se fait-il qu'outre l'erreur relative à la date, Monsieur le Juge d'Instruction ait également recueilli un autre fait absolument contraire à la vérité, à savoir que j'avais restitué, de mes propres mains, le certificat retrouvé ?

Comment se fait-il qu'en face des circonstances dont le récit précède, on ait poussé l'irréflexion jusqu'à tirer parti de la date erronée dictée par M. le Juge d'instruction, et de ce fait qu'il n'avait point relaté dans ma déposition que j'avais gardé chez moi le certificat au moins un jour, pour, en s'appuyant sur les rectifications de ces deux détails, que j'avais dû faire devant la Cour d'Assises, et malgré les témoignages irréfutables, qui prouvaient le bien fondé de ces rectifications, concevoir un considérant d'accusation ainsi libellé :

« Attendu qu'après avoir été entendu comme
« témoin dans l'instruction suivie contre les sieurs
« Harin et de Mauduit, le Président Collinet de la
« Salle aurait, en la même qualité, produit devant
« la Cour d'Assises des déclarations notablement
« différentes de ses premières dépositions ? »

Devais-je indiquer une fausse date, devant la Cour d'Assises, afin de donner raison à la date erronée assignée par M. le Juge d'Instruction à la restitution du certificat ?

Devais-je m'abstenir de déclarer que j'avais conservé chez moi ce certificat, pendant plus d'un jour, afin de donner raison à M. le Juge d'Instruction de s'être abstenu de constater que je l'avais mis au courant de ce fait, qui dénonçait à sa conscience la date erronée dictée par lui ?

Des aveux mensongers de culpabilité sont-ils désormais imposés aux prévenus afin d'établir l'ordre, la circonspection et la loyauté dans les travaux de l'instruction ?

Si, au point de vue de la faute commise dans

l'Instruction faite à Quimperlé, M. le Conseiller Délégué s'est contenté de cette lourde réponse de M. le Juge d'Instruction : « *je n'ai jamais attaché aucune importance à la date du 10 novembre 1881,* » comment a-t-il pu ensuite, et quand il s'agissait du prévenu, reconnaître une telle importance à cette même date qu'il ait fait à ce dernier un grief disciplinaire de l'avoir modifiée aux Assises, dans les circonstances que je viens d'indiquer ?

Comment M. le Conseiller Délégué, qui prenait la base d'une grave accusation dans ma déposition devant la Cour d'Assises, faisait-il abstraction de la déposition de M. le Juge Chanon, laquelle avait péremptoirement démontré que la date acceptée par moi, sur les affirmations de M. le Juge d'Instruction, était irrévocablement repoussée par la vérité des faits ?

Toutes ces inconséquences de l'enquête disciplinaire peuvent-elles s'appeler autrement qu'une lutte ouverte contre l'innocence et la loyauté d'un prévenu ?

Comment se fait-il qu'ayant déclaré, devant la Cour d'Assises du Finistère, à l'audience du 13 janvier 1882, en présence de M. le Procureur Général, qui a requis la dictée textuelle de ma déposition, que le commis-greffier m'avait dit un jour : « *une main étrangère a seule pu déplacer et replacer après coup le certificat de médecin* » et, qu'ayant expliqué, dans la suite de ma déposition, que la « *main étrangère* » indiquée par le commis-greffier était celle d'un avoué, M. le Conseiller Délégué ait pu, oubliant la seconde partie de ma déposition, conclure à une insinuation malveillante contre M. le Procureur de la République, insinuation qui s'est trouvée ainsi fondée exclusivement sur la première partie de cette même déposition, et s'est traduite, devant la Cour de Cassation, en un chef d'accusation ainsi libellé :

« Attendu que le Président Collinet de la Salle « aurait notamment prêté à un autre témoin, le « sieur N., commis-greffier, un grave propos, dénié « par celui-ci, et tendant à insinuer qu'une main « étrangère aurait replacé après coup, sur le bureau « du Président, une pièce, (certificat de médecin), « distraite du dossier, et infructueusement recher- « chée depuis quelques jours ; que le Président « se serait ainsi associé aux insinuations blessantes « qui visaient le Procureur de la République, et qui « n'allaient à rien moins qu'à lui imputer le détour- « nement intentionnel d'une pièce de la procé- « dure ? »

Comment expliquer que, dans une affaire où il s'agissait de me représenter comme le complice d'une diffamation contre un Magistrat, que, tout au contraire, j'avais défendu avec énergie, on invoque contre moi deux charges, une date compromettante et un propos ; qu'on se trompe sur la première charge au point de relever une date inexacte, dictée et imposée par le Juge d'Instruction ; qu'on se trompe sur la seconde charge en la faisant reposer sur une déposition dont on oublie la partie principale, absolument exclusive du propos incriminé ?

Comment se fait-il qu'après m'avoir, devant la Cour d'Assises du Finistère, mis aux prises avec les résultats obtenus à l'aide du moyen d'Instruction que j'ai signalé, on m'ait ensuite, par le fait d'une enquête disciplinaire armée d'une nouvelle équivoque, dont je vais examiner les éléments, mis aux prises, devant la Cour de Cassation, avec une sorte d'accusation de faux-témoignage ?

Pourquoi, dans l'un et l'autre cas, m'a-t-on caché, pendant l'instruction, les soupçons qui planaient sur moi ?

Quel intérêt bien plus grand toutes ces questions n'acquerront-elles pas quand j'aurai démontré que ce grief capital de la poursuite disciplinaire, lequel relève le propos qui aurait été faussement prêté par moi au commis-greffier, a été conçu par un journal; que ce journal a fourni au commis-greffier le moyen de le corroborer par de coupables dénégations ; de l'organiser en faisant usage d'une grossière équivoque ; qu'enfin, le journal, dont il est ici question, a avoué par mégarde que, dans la matinée du lundi, 13 février 1882, quatre jours avant la publication d'un article du 17 février, où ces moyens sont subrepticement indiqués, son Directeur avait eu une audience de M. le Garde des Sceaux, audience dont l'objet était la poursuite disciplinaire qui allait être dirigée contre moi ?

La « *main étrangère* » m'invite donc ici à mettre la mienne propre sur un journal dont le Directeur avait, avec M. le Garde des Sceaux des entretiens que j'ai le droit d'étudier au triple point de vue de leur convenance, de leur légitimité et de leurs conséquences. Elle m'invite a dénoncer l'influence immorale que peuvent avoir aujourd'hui sur les actes judiciaires les plus importants, la presse et ceux qui la dirigent.

Les détails dans lesquels je vais entrer méritent au plus haut degré l'attention ; ils intéressent tous les justiciables.

Dans le numéro du 3 février 1882, du *Petit Journal de Quimperlé*, je lis ceci à propos de l'accusation portée contre M. le Procureur de la République de Quimperlé d'avoir détourné le certificat :

« *Seul*, M. Collinet de la Salle a émis téméraire-
« ment cette hypothèse, cette supposition mal-
« veillante. »

Le mot *seul* est souligné.

Dans le numéro du 10 février je lis encore :

« Il a fallu un Collinet de la Salle pour supposer
« qu'une « *main étrangère*, » celle de ce même
« Procureur, avait subrepticement dérobé, du dos-
« sier déposé à la Chambre du Conseil, une pièce
« d'ailleurs peu importante..... etc. »

Les mots « *une main étrangère* » sont soulignés.

Enfin, dans le numéro du 17 février, je lis ce qui suit :

« Le commis-greffier n'a déposé que sur un fait
« insignifiant,......... Au contraire, qui a parlé le
« premier, le seul d'une « *main étrangère* ? » C'est
« M. Collinet de la Salle. »

N'est-il pas évident que nous assistons ici au travail qui se fait dans les colonnes du journal pour prouver que la partie de la déposition du Président du Tribunal, où il est question de la « main étrangère, » n'est point l'expression de la vérité, et pour mettre le commis-greffier en demeure de le déclarer ?

Ce qui est plus grave, c'est que le Directeur du journal, qui écrit ces choses, est admis à discuter avec M. le Garde des Sceaux l'éventualité d'une poursuite disciplinaire contre le Président.

En effet, dans le numéro du 17 février 1882 du même journal, je trouve un article intitulé « *Une nouvelle intéressante* » ou, pour donner toute l'autorité et l'authenticité désirables à cette nouvelle qui concerne la réforme de la Magistrature, et a des menaces aux Magistrats qui vont être « *écartés,* » à cause de leur « *défaut de capacité,* » ou leur « *attitude politique,* » le journal, d'ailleurs tout étourdi de l'honneur advenu à son Directeur, annonce naïvement que ce dernier a eu, « *lundi matin,* » — cela veut dire le 13 février, — « *l'occasion d'entretenir M. le Garde des Sceaux du projet de réforme de la Magistrature.* »

Remarquons d'abord ces mots « *a eu occasion.* » Non, assurément, le but principal de l'entretien n'était pas la réforme de la Magistrature. C'est à la Chambre, ou dans les Commissions, que ces sujets-là se traitent, et non dans une audience ministérielle du matin. Le but principal de l'entretien était la poursuite à diriger contre moi. Cela résulte clairement des menaces spéciales à mon adresse, consignées dans le même numéro, du 17 février, au cours d'un autre article intitulé « *Cuique Suum,* » lequel suit immédiatement celui dont je viens de parler. Tout le monde comprend ce que l'inadvertance du journal et de ses rédacteurs n'a pas compris, à savoir que le contenu du second article bénéficie naturellement de l'autorité et du caractère officiel imprimés au premier par l'annonce de l'entretien du Directeur avec M. le Garde des Sceaux, dans la matinée du 13 février.

En deux mots, par la révélation que son Directeur vient d'avoir une audience du Garde des Sceaux, par les détails insérés dans l'article intitulé « *Cuique Suum*, » détails qu'il ne peut tenir que de la bouche du Ministre, par l'aveu formel que l'entretien sur la réforme de la Magistrature n'était qu'un accessoire, le journal apprend, à qui sait lire et réfléchir, que l'éventualité d'une poursuite disciplinaire à diriger contre moi a été le but et le sujet principal d'un important colloque entre son Directeur et le Ministre : les deux articles se compromettent par leur contact. Le premier est grotesque ; il promet la Justice ambulatoire ; le second est savant et odieux : *Cuique Suum*.

Voici les passages curieux du second article au sujet duquel on ne parle pas, et pour cause, de l'entretien avec le Ministre ; heureusement que le premier nous a renseignés sur ce point.

« Les choses se gâtent...» — Elles étaient donc saines avant ce fatal entretien ? —

« Qui a parlé le premier, le seul, d'une «*main* « *étrangère* ? » Qui, par ces mots, a laissé entendre « que c'était le Procureur qui avait d'abord dérobé, « puis subrepticement rapporté la pièce retrouvée? « C'est M. Collinet de la Salle. »

Mais il paraît que le Ministre n'admet pas encore la poursuite sur le témoignage ; je continue :

« Du reste, ce n'est pas sur ce témoignage que « portera sans doute la poursuite disciplinaire. Le « public peut l'apprécier. Ce n'est pas à la Cour de « Cassation de le juger, la liberté des témoins « devant rester entière.

« Mais il y a autre chose dans le cas de M. Collinet « de la Salle : son attitude tant à l'audience qu'au « dehors a donné lieu à une plainte du Procureur « Général, dont la chancellerie est en ce moment « saisie, et il se pourrait qu'une seconde fois la « Cour de Cassation frappât individuellement M. « Collinet de la Salle, avant qu'il soit définitivement « écarté de la Magistrature par mesure générale.»

L'affaire ainsi *lancée*, suivons-en le développement sur deux lignes, qui perdent en route leur parallélisme.

Et d'abord, qui nierait que je surprends ici le journal dont le Directeur *« a eu occasion d'entretenir M. le Garde des Sceaux,* » essayant, après cette audience ministérielle, le premier plan d'une mutilation de ma déposition. En effet, il me fait parler comme si j'avais dit : une main étrangère a enlevé le certificat, affirmation directe qui constituerait à ses yeux une insinuation m'appartenant en propre, tandis que ma déposition porte : le commis-greffier m'a dit qu'une main étrangère... etc. Remarquons que c'était alors la seule manière d'incriminer déloyalement mes paroles, puisqu'on ne savait pas encore si le commis-greffier subirait la mauvaise influence des excitations que je viens de rappeler.

On omet aussi dans la citation ce fait capital que l'imputation d'avoir rapporté le certificat s'adressait à un avoué. Or, ce détail, le journal ne l'ignore pas, puisqu'il fait justement remarquer que j'ai été « le seul » à parler d'une « main étrangère, » ce qui signifie qu'il connait la déclaration du commis-greffier sur ce point puisqu'il constate que ce dernier n'y a pas désigné l'avoué par ces mots « une main étrangère. » A l'audience, en effet, le commis-greffier n'avait pas, comme à mon cabinet, employé une sorte de précaution oratoire, une rédondance, pour me désigner un avoué comme l'auteur probable de la disparition du certificat.

Mais, ces premières mutilations ne constituaient encore rien d'acceptable au point de vue d'un grief disciplinaire. Elles se prêtaient seulement à une atteinte morale pour le cas où, sur ce chef, la poursuite ne pourrrait avoir lieu. Le docte auteur de l'article sait fort bien, et dit fort bien, qu'on ne peut faire porter la poursuite sur mon témoignage, « *la liberté des témoins devant rester entière.* » Mais l'hommage qu'il rend à cette vérité est ici une pure hypocrisie, car il sait encore mieux que l'impossibilité concerne exclusivement la déposition faite de bonne foi, et il entend bien que la mienne soit mensongère, et que, si le commis-greffier nie la partie du propos relative à la « *main étrangère*, » ainsi qu'il le lui insinue, dans les articles des 3, 10, et 17 février 1882, la poursuite commencera à devenir possible. Attendons donc un peu, et suivant son expression, les choses se *gâteront* davantage.

Le commis-greffier, qui lit nécessairement les articles où il est question de lui, apprendra qu'il y a quelque chose à faire du propos rapporté par moi puisqu'on lui signale, dans sa déposition, l'absence des mots « *une main étrangère,* » et la conséquence qui en découle ; eh bien, instruit de ce détail, il niera les avoir prononcés. Malheureusement cette négation laissera encore l'œuvre incomplète, au point de vue de la poursuite projetée. Qu'importe, en effet, s'il s'agit d'un avoué, que le Président du Tribunal ait, ou n'ait pas, parlé de la « *main étrangère* ? » Ce qu'on veut, ce n'est pas un propos contre un avoué, mais un propos contre le Procureur de la République : il faut absolument que l'avoué s'éclipse pour que la poursuite soit possible. Eh bien, le Magistrat enquêteur sera assez convaincu de la culpabilité du Président pour, dans l'étude et l'analyse de la déposition du commis-greffier devant la Cour d'Assises, oublier la déclaration de ce témoin par laquelle il a reconnu m'avoir signalé un avoué quelconque comme l'auteur probable de la disparition du certificat. Or, cette déclaration démontrait que, rapportant moi-même ce détail, je n'avais pu parler que d'un avoué, et non du Procureur de la République. On comprend, dès-lors, que, ce point important ayant disparu de la mémoire de M. le Conseiller Délégué, et le commis-greffier ayant nié que les mots « *une main étrangère* » eussent été prononcés par lui dans mon cabinet, on ait pu dire qu'ils avaient été inventés par moi, et, avec une grande complaisance de l'esprit, prétendre qu'ils désignaient le Procureur de la République.

Ici les questions abondent :

Comment les intérêts de la dignité de la Justice,

seuls engagés dans une poursuite disciplinaire, se sont-ils rencontrés dans le cabinet d'un Garde des Sceaux avec les intérêts méchants d'un journal, visant, les uns et les autres, le même délit, en s'appuyant sur les mêmes moyens ?

Qui donc a « *le premier,* » et, bien malheureusement, n'a pas « *le seul,* » compris que le propos dont il s'agit ne pouvait acquérir la criminalité qu'on lui désirait qu'avec la dénégation du commis-greffier, à qui je l'aurais prêté ?

N'est-ce pas le journal dont le Directeur avait eu le lundi, 13 février 1882, « *occasion d'entretenir M. le Garde des Sceaux ?* »

N'est-ce point lui qui fait remarquer que j'ai été « *le premier, le seul,* » qui ai parlé d'une « main étrangère ? »

N'est-ce point lui qui avait étudié, en vrai Juge d'Instruction, la déposition du commis-greffier, et de manière à s'apercevoir qu'à la Cour d'Assises, ce témoin n'avait pas repété les mots « *une main étrangère,* » d'où la conséquence qu'il pouvait nier *méchamment* le propos devant M. le Conseiller délégué, sans se mettre en contradiction avec sa déposition devant la Cour d'Assises ?

Or, il en est temps, écoutons et retenons bien ceci : LA MAIN ÉTRANGÈRE ET L'AVOUÉ REPRÉSENTAIENT UNE SEULE ET MÊME PERSONNE dans le propos qui m'avait été tenu, c'est-à-dire que la « *main étrangère* » n'était qu'une rédondance. Naturelle à son origine, cette rédondance ne pouvait cependant être reproduite devant la Cour d'Assises que par moi, qui étais appelé à témoigner de ce que j'avais entendu, et non par l'auteur de cette figure de rhétorique.

Voit-on le commis-greffier, reprenant sa leçon devant la Cour d'Assises, et s'écriant, avec un sérieux digne de la circonstance : une main étrangère, un avoué......., etc., ne voulant, en un mot, parler de l'avoué sans l'orner de la main étrangère ? Tout l'auditoire eût éclaté de rire !

C'est pourtant sur cette fleur de rhétorique, pieusement cueillie dans le jardin du commis greffier, que le journal, et, après lui, la poursuite ont composé la grossière histoire de « *la main étrangère,* » et joué l'honneur et la carrière d'un Magistrat.

Cette main étrangère accolée par l'éloquence du commis-greffier au bras de l'avoué, devenue, parceque, dans ma déposition, j'en aurais un instant parlé sans rappeler son légitime propriétaire, membre vivant de M. le Procureur de la République : Quelle puissante combinaison ! Quel succès chirurgical ! Et, surtout, quel trait de génie dans une instruction !

Qui expliquera pourquoi le commis-greffier a pu avoir l'idée de nier le propos réellement tenu dans mon cabinet, et comment il a pu ne point redouter une confrontation avec moi ?

Pourquoi cette confrontation n'a-t-elle pas eu lieu ?

Qui expliquera pourquoi le commis-greffier avait intérêt à transformer un propos essentiellement inoffensif à l'égard de M. le Procureur de la République en un propos offensant envers ce Magistrat ?

Or il était inoffensif même à l'égard de l'avoué à la maladresse duquel le commis - greffier avait exclusivement fait allusion quand, pour sauver sa responsabilité, il avait prétendu que ce dernier avait involontairement emporté le certificat avec des pièces qui lui appartenaient. Quant à moi, j'avais dû rappeler ces détails, devant la Cour d'Assises, afin de prouver que l'opinion du commis-greffier était bien que le certificat avait disparu, pendant un certain temps, de la Chambre du Conseil.

Si l'on apprend ici qu'entre le 13 janvier 1882, date de ma déposition devant la Cour d'Assises, et le 10 février, jour où a paru le premier article, le commis-greffier, que j'interrogeais à chaque instant sur l'affaire du certificat, ne s'était jamais avisé de me dire que je lui avais attribué, devant la Cour d'Assises, un propos qu'il n'avait point tenu, on sera, comme moi, convaincu qu'il a été inspiré par les articles, des 3, 10, et 17 février 1882, du journal dont le Directeur avait eu, le 13, « *occasion d'entretenir M. le Garde des Sceaux.* »

Comment la mauvaise foi du commis-greffier, rendue évidente par le fait du long silence dont je viens de parler, n'a-t-elle point frappé l'attention de M. le Conseiller Délégué, éveillé ses soupçons, sollicité ses scrupules ?

Ce Magistrat n'a-t-il pas joint au dossier de l'enquête adressé à la Chancellerie une lettre du commis-greffier à M. le Procureur de la République, lettre qui ne m'a point été communiquée, et par laquelle le commis-greffier, inventant la plus infâme calomnie, m'accusait ouvertement de lui avoir désigné M. le Procureur de la République comme l'auteur des manœuvres coupables qui avaient détourné le certificat ?

Comment M. le Conseiller Délégué a-t-il pu ne se point émouvoir des proportions effrayantes que prenait le rôle du commis-greffier, lequel gardait d'abord le silence le plus absolu sur le propos que je lui aurais faussement prêté ; puis, dans l'enquête, après les suggestions du journal, niait ce propos ; puis, enfin, écrivait à M. le Procureur de la République pour lui annoncer que j'avais fait des accusations directes ?

Quels avertissements pour un juge attentif !

Quant au point de savoir comment l'idée de ce grief a abordé l'esprit de M. le Conseiller Délégué, je n'ai pas la possibilité de le résoudre, mais j'ai le droit de me poser, à ce sujet, certaines questions.

Est-ce le journal, est-ce le commis-greffier qui m'a dénoncé à ce Magistrat ?

Si c'est le journal, on peut pressentir mon opinion ; si c'est le commis-greffier, c'est le journal par voie de conséquence.

Serait-ce l'auteur de l'article, par voie directe, verbalement ou par écrit ?

Le Directeur d'un journal, que son propre journal dénonce comme ayant eu avec M. le Garde des Sceaux une grave conférence sur l'opportunité d'une poursuite disciplinaire à diriger contre un

Magistrat, le Directeur d'un journal, dont les articles ont incontestablement fourni à la poursuite, par les moyens que j'ai indiqués, les éléments essentiels et constitutifs du délit capital à relever contre ce Magistrat, peut-il être présumé avoir abandonné toute influence sur les développements successifs d'une affaire dont il lui avait été permis de s'occuper, si irrégulièrement et si passionnément, dans le cabinet du Ministre ?

De quoi s'agissait-il donc ? Il s'agissait, par l'accusation dirigée contre moi, d'avoir tenu devant la Cour d'Assises un propos odieux et mensonger, de reprendre le terrain perdu, devant cette même Cour d'Assises, dans la mésaventure de la date dictée.

Or, quatre éléments curieux à étudier, essentiellement irréguliers, anti-naturels, machiavéliques, éléments chacun en particulier antipathique à tout esprit sérieux, chacun en particulier indispensable au but final de leur association, se sont également rencontrés, associés, combinés, enchevêtrés dans l'esprit de la poursuite, comme dans l'esprit du journal, pour faire, d'un propos complétement inoffensif, un propos coupable.

Voici ces quatre éléments :

Il fallait, premièrement, que le propos fut scindé en deux ; or le propos complet, était : le commis-greffier m'a dit qu'une main étrangère, celle d'un avoué, avait seule détourné le certificat.

Il fallait, en second lieu, que le propos ainsi réduit : — le commis-greffier m'a dit qu'une main étrangère avait seule détourné le certificat,— pût se prêter à la triste équivoque que j'ai signalée parce qu'il ne représentait pas, pour les yeux et les oreilles, ce qu'il représentait pour le bon sens, c'est-à-dire l'avoué.

Il fallait, troisièmement, compter qne le commis-greffier nierait avoir prononcé ces mots dans mon cabinet, alors que leur emploi ne signifiait absolument rien ; il fallait attendre ainsi d'une dénégation malsaine le pivot principal d'une accusation odieuse.

Il fallait, en quatrième lieu, que ces expressions « *une main étrangère* » représentassent, pour des esprits complaisants, la main du Procureur de la République, c'est-à-dire d'un Magistrat tellement indispensable à la constitution légale d'un tribunal que, sans lui, il n'y a pas de tribunal.

Cette combinaison à la fois savante et fausse, impie et bizarre, cruelle et fiévreuse, a-t-elle pu se présenter simultanément, sans communication aucune, à l'esprit du journal et à l'esprit de la poursuite ?

Une telle coïncidence est-elle l'œuvre de la nature et du hasard ?

Cette pitoyable, cette honteuse mais très-instructive histoire de la « *main étrangère* » a donc désormais une généalogie bien établie. Elle nait dans mon cabinet d'une misérable excuse inventée par le commis-greffier afin d'expliquer pourquoi et comment le certificat a disparu et reparu. L'expression est introduite aux débats de la Cour d'Assises parce que je suis un témoin obligé par mon serment de répéter entièrement, et aussi textuellement que possible, ce qui m'a été dit par le commis-greffier. Dans l'article du 10 février l'imputation apparaît avec la transformation de mon témoignage ; mais, il n'est encore question que de ma « *réputation endommagée* » et nullement de poursuites disciplinaires. Le 13, au matin, le directeur du journal a, avec M. le Garde des Sceaux, un entretien dont j'ai dévoilé plus haut l'authenticité et le sujet, entretien dans lequel il est traité des difficultés légales de la poursuite concernant « *la main étrangère* ». Dans le numéro du 17, le premier qui suit l'audience précitée, le journal fait part de la difficulté : on ne peut poursuivre, dit-il, « *la liberté des témoins devant rester entière.* » Mais, avec une hypocrisie, avec une perfidie, avec un machiavélisme dont les moins clairvoyants seraient frappés, il fait précéder cette attristante vérité de cette consolante remarque, déjà faite dans les numéros des 3, et 10 février précédents, à savoir que j'ai été « *le premier, le seul,* » qui ai parlé d'une « *main étrangère.* »

A bon entendeur demi-mot : le commis-greffier saisit l'avertissement ; il niera. Et désormais, si M. le Conseiller Délégué ne comprend pas que « *la main étrangère* » et l'avoué représentent un seul et même agent, le grief pourra prendre son vol superbe vers les hauteurs de la Cour Suprême.

Comment se fait-il que M. le Procureur Général n'ait jamais cherché à savoir, du moins par une enquête au sein du Tribunal, comment le certificat de médecin avait pu disparaître de la procédure ; qu'il ait déclaré devant la Cour d'Assises du Finistère que « *ce petit bout de papier ne pouvait plus servir à rien ;* » que M. le Procureur de la République de Quimperlé soit resté indifférent devant cette disparition ; qu'il ait dit au commis-greffier, lequel l'a répété devant la Cour : « *la recherche de cette pièce n'est point votre affaire ;* » qu'en effet, ce dernier ne m'ait jamais averti de son absence ; qu'une Instruction ait été édifiée contre moi pour inculper la restitution du certificat retrouvé, et, par conséquent, la recherche précédemment faite ; que j'aie été assigné comme témoin devant la Cour d'Assises du Finistère, en vertu de l'Instruction dont il s'agit ; que, devant cette Cour, j'aie été accusé de faire des insinuations contre le Procureur de la République non responsable à mes yeux, toutes les fois que j'ai voulu exprimer mon opinion, à savoir que le certificat n'avait pu disparaître et reparaître sans l'emploi d'une manœuvre coupable ; qu'une lutte ait dû surgir entre M. le Président des Assises et moi parceque ce Magistrat prétendait attribuer ces faits au simple hasard ; que, néanmoins, dans sa lettre, du 30 mai 1882, à M. le Procureur Général près la Cour de Cassation, par laquelle il me défère à la Juridiction Disciplinaire de cette Cour, M. le Garde des Sceaux dise ceci : « *M. Collinet de la* « *Salle avait été appelé comme témoin dans l'ins-* « *tance à raison de renseignements à fournir sur* « *le point de savoir comment un certificat de* « *médecin avait pu disparaître de la procédure* « *correctionnelle antérieure ? ?* »

En publiant, le 17 février 1882, quatre jours après l'audience ministérielle, que « *la poursuite disciplinaire ne portera pas sur le témoignage, la liberté des témoins devant rester entière,* » le *Petit Journal de Quimperlé* n'a-t-il pas reflété la pensée propre du Garde des Sceaux qui ne voulait pas compromettre sa science juridique au point de déférer à la Cour de Cassation un témoin, à propos de sa déposition ?

Comment, dès lors, le même Garde des Sceaux qui, le 13 février, avait refusé de poursuivre sur le grief cher au Directeur du journal, a-t-il pu, le 30 mai suivant, me déférer à la Justice disciplinaire sans se méfier d'une combinaison nouvelle si visiblement destinée à triompher de ses scrupules ?

Comment un jurisconsulte aussi distingué que M. Gustave Humbert a-t-il pu laisser surprendre son autorité de Garde des Sceaux, son expérience d'ancien Procureur Général, sa sagacité de Professeur de Droit, au point de soumettre à l'étude de la Cour Suprême la grossière et triviale équivoque renfermée dans « *la main étrangère ?* »

Comment un Ministre de la Justice a-t-il pu n'échapper à une erreur manifeste de droit que pour tomber dans une erreur de fait, beaucoup plus manifeste encore, et se laisser choir, de son rôle élevé en matière disciplinaire, au piége infime que j'ai décrit ?

Le Garde des Sceaux de France n'avait-il pas su peser dans ses puissantes mains, mieux que n'avait fait, dans les siennes, le modeste Délégué de

M. le Premier Président, le crime abominable qui se définit ainsi : Attribution mensongère, sous la foi du serment, devant une Cour criminelle, par un Président de Tribunal à son subordonné, d'un propos diffamatoire contre un Procureur de la République, le collègue du premier, et le supérieur du second ?

Et moi, qui étais destiné à devenir la victime de pareilles choses, à me défendre contre l'imputation de pareille infamie, étais-je donc si coupable d'avoir quelquefois déploré avec amertume l'oubli de tous les principes qui font la sécurité des justiciables ?

La Cour de Cassation qui n'a point flétri, point démasqué, point compris la plus insensée, la plus impardonnable des équivoques, et s'est contentée de dire que le fait qu'elle avait dessein de prouver n'était pas « *suffisamment établi* » lorsque le fait qu'elle établissait suffisamment était le désir aveugle, immodéré, la volonté persistante de faire de moi un vil calomniateur, de substituer à l'accomplissement d'un devoir de ma charge de Président, à la restitution loyale et inoffensive d'une pièce de procédure, la conception des plus basses intrigues et des plus lâches calomnies, la Cour de Cassation a, désormais, dans cette équivoque, le modèle parfait de toutes celles dont j'ai été victime. Pierre angulaire de la poursuite, elle en est aussi la pierre de touche, et « *une main étrangère* » y a buriné des caractères que nulle main amie n'effacera jamais.

Pour que l'édification du lecteur soit aussi complète que possible, j'ajoute ici que, dans le numéro du 23 juin 1882, du journal dont le Directeur a « *eu occasion d'entretenir M. le Garde des Sceaux,* » on lit ce qui suit :

« *La Cour de Cassation est saisie depuis plus de huit jours.* »

En effet, elle a été saisie le 12 juin 1882, c'est-à-dire onze jours avant cet avertissement.

« *Le Procureur Général conclura à la déchéance.* »

En effet, M. le Procureur Général a conclu à la déchéance.

Ces détails ont donc l'incontestable authenticité qui résulte de leur parfaite exactitude, et des relations ministérielles dont le journal avait, si héroïquement, dévoilé les secrets.

Rappelons ici que la conclusion de l'article du *Petit Journal de Quimperlé*, du 17 février 1882, publié quatre jours après l'important entretien du 13, portait : « Il se pourrait faire qu'une seconde fois, « la Cour de Cassation frappât individuellement « M. Collinet de la Salle, avant qu'il soit définitive- « ment écarté de la magistrature par mesure géné- « rale. »

Ainsi, il ne s'agissait alors que de ma suspension. On comprend, en effet, qu'on ne pouvait demander ma déchéance parce que j'avais craché dans l'Odet, parce que j'avais diné à l'hôtel, et que j'avais pris une tasse de café, quelles que fussent les circonstances dont on comptait entourer ces méfaits. Seule l'histoire édifiante de la « *main étrangère* » pouvait faire espérer cette sévérité, et la dénégation du commis-greffier, indispensable à son achèvement, n'était encore qu'en expectative. Or, c'est le journal dont les articles ont, de toute évidence, guidé le commis-greffier dans le rôle qu'il a si bien rempli, c'est ce journal qui, le premier, annonce le succès de cette campagne par la nouvelle que le Procureur Général conclura à la déchéance. Mais, les conclusions sur la déchéance, c'est le fruit naturel des dénégations, et c'est au *Petit Journal* qui l'a fait mûrir en serre chaude que revenait naturellement le droit de le cueillir. Il sait, le 23 juin, tout ce qui m'a été soigneusement caché pendant l'enquête disciplinaire, ce que je n'ai pu connaître que le 19 juillet, par la signification de l'Arrêt de la Cour de Cassation, du 10 juillet précédent, qui m'appelait devant elle. Que dis-je ? il connaît les conclusions qu'on attend du Procureur Général, et qui sont la conséquence naturelle du délit qu'il a inventé.

En un mot, il est instruit, pour le profit indécent de la haine, de ce que je ne pouvais ignorer qu'au détriment du droit sacré de me défendre.

Il est absolument inutile que j'insiste ; tous les voiles sont tombés ; le spectacle est offert aux méditations des plus incrédules.

Personne n'oserait contester ici qu'en présence des révélations faites d'avance. et rendues publiques, sur les conclusions précises de M. le Procureur Général près la Cour de Cassation, je sois complétement dégagé de toute obligation de silence à l'égard de ce qui s'est passé aux débats.

Je ne me prévaudrai pas de mon droit parceque, dans un écrit où je me plains de l'illégalité de certains actes de procédure, je dois me faire un devoir de demeurer moi-même dans la plus stricte légalité.

Et maintenant, si j'ai dévoilé l'origine certaine, la source impure, et comme les papiers de famille d'une accusation hideuse ; si j'ai montré une puissance qui a le pouvoir d'arracher un magistrat de son siége, de le livrer à la Justice, de le traîner devant la Cour de Cassation pour y subir les plus déshonorantes et les plus fausses accusations; quel droit n'ai-je point acquis de me consulter encore moi-même sur l'existence d'une autre puissance, marchant parallèlement à la première, capable d'opposer son veto à la recherche des méfaits les mieux caractérisés, d'imposer à cette même Justice le plus sanglant des outrages, à savoir l'impuissance et l'inaction en face d'actes qui l'ont mise dans la nécessité de se réformer elle-même, parcequ'ils lui ont soustrait les pièces sur lesquelles elle avait une première fois jugé ?

Ne dois-je point redouter que ces deux autorités, distinctes dans ma pensée actuelle, ne se trouvent un jour aux mêmes mains, ne confondent leur double action malfaisante pour produire des phénomènes que, dans cette affaire, je n'ai encore le droit d'attribuer qu'à des agents multiples ?

Quel triomphe pour le despotisme qui nous menace, qui nous étreint déjà, si ces dangereux ressorts pouvaient être un jour réunis aux mains d'hommes auxquels nous n'osons plus résister, et qui n'ont jamais résisté eux-mêmes aux passions les plus dangereuses, les plus malfaisantes de la nature humaine !

Les faits que je viens de raconter ont une liaison intime avec d'autres faits qui, à la fin de 1878 et au commencement de 1879, ont beaucoup ému l'opinion publique.

Des jugements lus à la tribune de la Chambre des Députés, à la séance du 6 décembre 1878, avaient été, de la part du Rapporteur d'une élection, et de la part de plusieurs Députés, l'objet des plus amères critiques. Il est temps que je fasse justice d'une triste histoire ; il faut que le Tribunal, dont j'avais l'honneur d'être Président, soit définitivement vengé.

Dans une Instruction correctionnelle, en matière de corruption électorale, un témoin avait déposé que le prévenu lui avait dit avoir reçu quelques francs pour aller voter. Le prévenu niait le fait de corruption, et, comme c'était un Bas-Breton qui parlait français très-imparfaitement, il y avait eu lieu de se demander ce qu'il avait entendu par ces mots : « *j'ai reçu de l'argent pour aller voter.* » Aurait-il voulu dire, comme se l'était demandé le Tribunal, qu'on l'avait défrayé de ses frais de déplacement ? Aurait-il voulu dire, comme se l'est ensuite demandé la Cour, qu'il avait accepté une rémunération pour distribuer des bulletins de vote? En face de cette incertitude le Tribunal avait prononcé l'acquittement, et la Cour avait confirmé son jugement. Or, parlant du prévenu, le Tribunal avait, en concluant, eu le malheur d'écrire : l'aveu qu'il a « *reçu de l'argent* POUR ALLER VOTER *n'est point l'aveu de la corruption prévue par la loi.* ». Mais il avait eu bien soin de *souligner* deux fois les trois mots « POUR ALLER VOTER, » afin de montrer qu'ils étaient extraits de la formule de l'aveu imputé au prévenu, qu'ils pouvaient y avoir une signification spéciale, exclusive du délit et bien différente de leur sens propre. Cette intention avait été très-bien comprise du Rapporteur qui s'était perfidement abstenu de souligner une seule fois, dans le texte lu à la Chambre, et surtout celui remis à l'Officiel, les trois mots *pour aller voter* qui étaient doublement soulignés dans le jugement afin de faire bien comprendre la pensée du Tribunal. On le voit, le Rapporteur avait obtenu, par le moyen d'un véritable *tour de foire*, la formule générale : recevoir de l'argent pour aller voter n'est pas le délit de corruption prévu par la loi, à la place de celle-ci, réellement et logiquement comprise sous la même formule, quand les mots soulignés y rappelaient la question de langage qui était en litige : recevoir de l'argent pour aller voter n'est point nécessairement *dans le langage du prévenu*, recevoir de l'argent comme prix ou rémunération de son vote.

On comprend bien que, par ce retranchement frauduleux d'un signe de convention, partout regardé et admis comme l'équivalent d'une véritable proposition explicative, le Rapporteur avait, rapetissant déjà, comme devait faire plus tard, à l'audience, le Ministère Public, rapetissant l'acte énorme qu'il se permettait à la largeur d'un trait, le Rapporteur avait, dans le jugement, substitué une formule bouffonne de doctrine, sur la corruption èlectorale, à la discussion de la pertinence d'un aveu imputé à un de ces campagnards Bas-Bretons qui ignorent absolument la propriété des termes qu'ils emploient, aveu d'ailleurs très-suspect au Tribunal à cause du témoin qui l'avait dénoncé.

Quand on a imputé à un Corps Judiciaire le fait d'avoir hautement proclamé que recevoir de l'argent pour aller voter n'est point le délit de corruption, on se trouve obligé de citer au moins une application de cette doctrine dans des jugements qu'on dénonce précisément en raison de son immoralité. Le judicieux auteur du rapport ne pouvait se croire dispensé d'obéir à cette nécessité, et c'est alors surtout que se révèle le génie de son opération. Suivons-le donc dans sa savante dissertation, suivons-le écrivant cette phrase, qui trahit le style et l'aplomb d'un arrêtiste de puissante envergure.

« C'est par application de ces principes que je lis
« dans un autre jugement : Attendu que le sieur
« Rivier déclare avoir reçu simultanément un bul-
« letin de vote et la somme de un franc, d'ailleurs
« non stipulée comme prix de sa voix. »

Jamais ce considérant n'a été écrit par le Tribunal.

Il a été artificiellement composé des mots « *Attendu que* » et d'une proposition tirée de la discussion de la responsabilité de Rivier, proposition qui, loin d'appartenir à la formule de l'aveu, appartient, au contraire, à la formule de l'imputation : « on ne saurait, » dit le Tribunal, « imputer à Rivier, à titre de corruption, d'avoir reçu... etc. » Le véritable aveu est ailleurs, et nous verrons tout-à-l'heure pourquoi on lui a substitué un aveu de pure fantaisie.

Mettons face à face le considérant du Tribunal, et celui qui lui est substitué.

Voici le considérant du Tribunal :

« Attendu que, si le principe du suffrage univer-
« sel comporte le vote d'hommes aussi totalement
« privés d'intelligence que l'est Rivier, on ne sau-
« rait, sans exagérer outre mesure la portée des
« choses, lui imputer, à titre de corruption, d'avoir
« reçu simultanément un bulletin de vote, et la
« somme de un franc..., etc. »

Voici le considérant qui lui est substitué :

« Attendu que le sieur Rivier déclare avoir reçu
« simultanément un bulletin de vote, et la somme
« de un franc, d'ailleurs non stipulée comme prix
« de sa voix. »

Il y a lieu de faire ici une observation grammaticale de la plus haute importance : *Attendu que* est une conjonction, ou plutôt une locution conjonctive.

Disons donc ce que les conjonctions, ou les locutions conjonctives expriment dans le discours.

Les conjonctions expriment l'état ou l'affection de l'esprit entre une idée et une autre idée, entre une proposition et une autre proposition.

Cela étant, je m'aperçois que le Rapporteur a détourné arbitrairement la locution conjonctive « *attendu que,* » laquelle sert à lier, dans le texte vrai, la proposition visant la complète inintelligence de Rivier, qui est passée sous silence dans le texte lu à la Chambre, et la proposition qui rappelle les faits imputés à ce prévenu.

Je m'aperçois, en second lieu, que le Rapporteur a relié, par l'emploi de cette même locution conjonctive « *attendu que,* » ainsi détournée de son rôle, de sa vocation spéciale, le prétendu aveu de ces mêmes faits aux principes d'immunité arbitraire qu'il affirme avoir rencontrés dans le premier jugement. Or, quand même on admettrait que le Tribunal eût ici visé l'aveu de Rivier, ce qui n'est point, il l'aurait réellement rattaché par la locution conjonctive « *attendu que,* » comme il a fait pour l'imputation, il l'aurait réellement rattaché par la locution conjonctive « *attendu que* » à cette idée qu'un homme totalement privé d'intelligence est irresponsable.

Il y a donc eu ici, au-dessus d'une citation volontairement incomplète de texte, une fraude toute spéciale qui a consisté à prendre, dans le texte passé sous silence, les deux mots « *attendu que* » pour les introduire entre deux propositions que le Tribunal n'avait point unies par eux.

De cette manière le Rapporteur a substitué, non par le simple artifice d'un faux raisonnement, mais par la force littérale de modifications apportées à un texte, le Rapporteur a substitué à cette pensée du Tribunal : Rivier n'est point coupable, parce qu'il est totalement privé d'intelligence, cette autre pensée : Rivier n'est point coupable, quoiqu'il ait déclaré avoir reçu simultanément un bulletin de vote et la somme de un franc, etc.

En même temps que ces manœuvres étaient employées, on tenait au secret le véritable aveu de Rivier, qui donne la note de son intelligence, et qui est ainsi rappelé dans le premier considérant :

« Attendu que la prévention qui pèse sur Ker-
« sulec a sa base dans la déclaration de Rivier,
« son co-prévenu, laquelle est ainsi conçue :
« Kersulec est venu chez moi me donner un franc,
« et me remettre un billet avec lequel j'ai voté.
« *C'était pour un monsieur de la Chambre qu'il ne*
« *m'a point désigné.* »

En fait, toute l'économie du jugement était basée sur *l'imbécillité* de Rivier, ce qui prouve que le Tribunal n'empruntait absolument rien au principe qui lui était arbitrairement attribué, au moyen de la corruption de texte introduite dans le premier jugement

Donc, l'un et l'autre jugements avaient été complétement faussés par le Rapporteur.

Telles sont les explications que j'eusse données à l'audience de la Cour d'Appel de Rennes, du 13 janvier 1879, sur la légitimité de mes griefs relativement à la lecture des Jugements du Tribunal de Quimperlé, à la séance de la Chambre des Députés, du 6 décembre 1878.

Vainement j'ai supplié la Cour de vouloir bien faire porter mon interrogatoire sur le sens et le caractère des altérations dont je m'étais plaint.

C'est là qu'était toute ma défense.

Désormais il y a-t-il en France un seul jurisconsulte qui puisse contredire le bien fondé des preuves que je viens de donner ?

Je prie le lecteur de faire ici avec moi une remarque très-importante. La conséquence naturelle de la thèse soutenue à la Chambre eût été de constater triomphalement que Kervran et Rivier, ces deux coupables protégés par les doctrines immorales du Tribunal, ont été acquittés par lui. Or, le Rapporteur n'ose point le faire. Quelle est donc la clef de ce mystère ?

La voici : C'est qu'après le Tribunal, la Cour avait acquitté les prévenus ; c'est que les nécessités irrésistibles de la thèse qui avait été soutenue, sur l'étrangeté des doctrines du Tribunal, imposaient l'obligation inéluctable d'invoquer la réprobation de la Cour, et la réformation par elle des jugements dénoncés ; c'est que la responsabilité d'une pareille affirmation, en tout contraire à la vérité, était sans doute trop lourde pour un rapporteur qui n'y avait aucun intérêt personnel ; c'est que l'orateur qui avait dans son dossier les arrêts confirmatifs, ne pouvait tenter une pareille aventure ; c'est qu'enfin, dans la scène qui se jouait, les rôles avaient été distribués d'avance, et qu'il fallait ménager ceux des collègues. D'ailleurs, en pareil cas, les responsabilités qui se partagent sont des responsabilités qui s'esquivent.

C'est donc un des collègues du Rapporteur, celui-là même dont les intérêts sont en discussion, qui est chargé de s'écrier, et s'écrie : « Les jugements ont été réformés et blâmés par la Cour. » Or, les prévenus avaient été acquittés par la Cour, comme par le Tribunal, et les jugements n'avaient jamais reçu de la Cour aucun blâme qui confirmât, comme voulaient le faire entendre les auteurs de la discussion, les critiques adressées spécialement à chacun d'eux.

Surtout ne l'oublions pas : quand le Président du Tribunal aura manifesté sa juste indignation, le bénéficiaire de cette séance prétendra, dans une plainte à M. le Garde des Sceaux, les Procureurs Généraux diront, devant les Cours, qu'il ne s'est agi que des considérants changés par la Cour de Rennes. Malheureusement le Rapporteur aura d'avance réfuté cette équivoque : il avait parlé de «*décisions qui révoltent la conscience publique ;*» et, d'un autre côté, il n'avait pas fait la plus petite allusion aux considérants éliminés.

Quel révoltant outrage à une Cour d'Appel que ses Arrêts mis ainsi forcément au service d'une pareille cause ; invoqués comme arrêts infirmatifs quand ils sont arrêts confirmatifs ; sommés de renfermer des blâmes qu'ils ne renferment point ; reniés, en quelque sorte, ainsi que je le démontrerai bientôt, pour les blâmes qu'ils renferment en réalité, s'ils sont l'effet d'erreurs qu'on trouve trop manifestes, mais sur lesquelles on se propose d'enchérir en les transportant ailleurs ; audacieusement soupçonnés, par l'effet direct d'une discussion trois fois impie, d'avoir inséré dans des griefs comme le regret d'acquittements qu'à la suite du Tribunal, ils auraient été obligés de prononcer ; associés enfin, malgré eux, à cette guerre déloyale contre une juridiction inférieure, trop soucieuse de la cause et des droits des faibles, et qui, faible elle-même, ne sera jamais défendue ?

Quelles mœurs démocratiques ! Quel navrant spectacle !

Aussi bien que les journaux, comme le simple vulgaire, comme les intéressés directs à une telle opération, un Ministre de la Justice, des Procureurs Généraux, la Cour d'Appel de Rennes et la Cour de Cassation se sont livrés à cette étonnante étude qui consiste à mettre face à face les jugements lus à la Chambre et les textes officiels, pour triompher après de leur conformité prétendue, parceque tous les membres de phrases cités se retrouvent exactement pareils de chaque côté de la feuille ou s'étale cet ingénieux et savant parallèle. Quelle naïveté ! ou, plutôt, quel moyen de discussion ! Comme si des jurisconsultes qui, dans une grande assemblée politique, dont les débats sont livrés à la publicité, se permettent les jeux impies que je viens de décrire, allaient introduire, dans les décisions judiciaires, des considérants de leur crû, écrire *blanc*, là où les juges ont écrit *noir*, *nous infirmons*, là où ils ont écrit *nous confirmons !* Et pourquoi donc aucune des puissantes autorités que je viens de citer n'a-t-elle eu l'idée de mettre ainsi face à face les décisions du Tribunal qui, au dire du Rapporteur, « *révoltent la conscience publique*, » et les décisions de la Cour qui sont identiquement les mêmes, et de tirer de cette similitude exacte des déductions autrement éloquentes que celles résultant d'une prétendue similitude de textes qui n'existe pas pour l'œil, et existe bien moins encore pour l'esprit ?

C'est pour avoir protesté avec l'indignation d'un magistrat qui se sent outragé sur son siége, et se croit naturellement dans l'exercice de ses fonctions, quand on attaque ainsi ses jugements, que, par arrêt de la Cour de Rennes, du 13 janvier 1879, j'ai été condamné correctionnellement, pour outrage, à 500 francs d'amende, et, par arrêt de la Cour de Cassation, du 24 mars suivant, à trois mois de suspension de mes fonctions. J'ajoute que je n'eusse jamais fait de protestation si j'avais pu espérer être protégé autrement ; que je l'eusse faite dans des termes plus modérés si, dans mon impuissance et ma faiblesse, je n'eusse senti la nécessité de frapper mes justiciables par la forme accentuée de cet acte.

Devant la Cour d'Appel de Rennes, Monsieur le Procureur Général Vételay a rendu hommage à la bonne foi de Monsieur le Rapporteur, et fait un éloquent et spirituel appel à ma « *charité chrétienne.* »

La Cour de Rennes a décidé que j'avais fait « des affirmations blâmables. »

Dans son réquisitoire, du 24 mars 1879, Monsieur le Procureur Général près la Cour de Cassation s'exprime ainsi :

Attendu que M. Collinet de la Salle a, contrairement à toute vérité, accusé Monsieur le Rapporteur N..., d'avoir falsifié le texte des jugements qu'il a cités, dans la séance du 6 décembre 1878, à la Chambre des Députés, et que l'expédition authentique des jugements, dont l'apport a été ordonné par arrêt de la Cour de Cassation, du 17 février dernier, établit que les motifs n'ont pas été dénaturés.

Que, cependant, M. Collinet de la Salle, traduit devant la première Chambre de la Cour d'Appel, conformément à l'article 479 du Code d'Instruction criminelle, a, dans son interrogatoire, du 13 janvier 1879, maintenu son accusation de falsification contre le rapporteur, et a ainsi singulièrement aggravé sa faute disciplinaire.

De son côté, la Cour de Cassastion a décidé, par Arrêt du 24 mars 1879, que « le fait allégué de citation inexacte des jugements lus à la tribune n'a été nullement justifié. »

Tout le monde comprendra que je fasse ici une application immédiate des idées de la Cour de Cassation et de la Cour de Rennes sur ma complète inintelligence des règles de la logique, et de celles de la grammaire, comme aussi de la valeur des signes accessoires de la pensée en matière d'écriture, et que je note, en les soulignant *doublement*, à titre de marque inoffensive de mon profond étonnement,

L'ARRÊT DE LA COUR DE RENNES, DU 13 JANVIER 1879,

L'ARRÊT DE LA COUR DE CASSATION, DU 24 MARS 1879,

L'ARRÊT DE LA COUR DE CASSATION, DU 16 NOVEMBRE 1882.

On dit aujourd'hui que la force prime le droit, et l'on fait chaque jour de ce brutal axiome une terrible application ; mais on n'a pas encore dit que la force prime l'esprit, et, dût-on le dire un jour, jamais on ne fera passer le principe dans le domaine de l'application.

En vain la Cour de Rennes, en vain la Cour de Cassation ont-elles refusé de reconnaître que les textes des jugements lus à la séance de la Chambre, du 6 décembre 1878, avaient été corrompus ; elles l'ont proclamé implicitement en n'osant pas, dans leurs arrêts de condamnation rendus contre moi, viser les doctrines dont il avait été donné lecture dans des termes formels.

Qui donc voudrait douter de leur empressement, d'ailleurs très-légitime, s'il eût été possible, à saisir en flagrant délit d'existence, dans les jugements du Tribunal, ces déclarations grotesques ?

Les textes ont été lus et condamnés à la tribune, mais l'exécution n'a pu avoir lieu ni à la Cour de Rennes, ni à la Cour de Cassation !

Que représente ici le silence de ces deux Cours, si non, au point de vue d'une outrageante imputation, l'or pur, la rançon, la délivrance morale du Corps judiciaire que j'avais l'honneur de présider ?

La force ne prime point l'esprit ; la parole est d'argent, et le silence est d'or.

Nous allons, immédiatement, constater que la Cour de Rennes ne craint point de signaler l'erreur, quand elle croit la rencontrer dans un jugement.

En réfléchissant à l'étrangeté, à l'illégalité des prétendus principes du Tribunal en matière de corruption électorale, j'ai été frappé d'une chose : comment M. le Rapporteur n'a-t-il tiré aucun parti du considérant suivant de l'arrêt confirmatif rendu dans l'affaire Rivier, le 17 juillet 1878 ?

« Considérant qu'on ne saurait admettre et poser « en principe, comme l'ont fait les premiers juges, « que remettre de l'argent à un électeur incapable « ou indifférent, ce n'est pas payer, mais simple- « ment déterminer son vote ; qu'une doctrine aussi « subtile conduirait aux interprétations les plus « arbitraires, et aux applications les plus dange- « reuses de la loi, suivant les personnes et les « appréciations. »

Il est absolument inexact que le Tribunal ait jamais posé en principe une pareille chose. La

Cour oublie ici que l'électeur visé par elle, comme seulement « *incapable* ou *indifférent*, » est l'électeur qui vient d'être désigné, dans le considérant du Tribunal d'où sont extraites ces expressions, comme « *totalement privé d'intelligence.* » Le Tribunal ne pouvait donc poser aucun principe à propos d'un tel fait. Il avait seulement le droit, et il en a usé, d'apprécier dans quelles conditions morales l'acte poursuivi avait été accompli, et de penser qu'en fait, à cause de l'état intellectuel du prétendu corrompu, le prétendu corrupteur avait plutôt déterminé que corrompu son vote.

D'ailleurs, après avoir fait abstraction de ce détail important qu'il s'agissait d'un prévenu « *totalement privé d'intelligence,* » la Cour ne cite même pas en entier le texte restreint qu'elle attaque, puisque le Tribunal avait parlé de l'électeur « *indifférent ou incapable d'aucune décision spontanée, et qui témoignait* (à Kersulec) *la plus aveugle confiance.* »

En retranchant, après le mot « *incapable,* » ceux-ci : « *d'aucune décision spontanée,* » la Cour ne s'est point aperçue qu'elle substituait un attribut incomplexe, c'est-à-dire un attribut qui n'avait besoin d'aucun complément, à un attribut complexe, c'est-à-dire n'offrant une signification complète qu'à l'aide d'un complément, en d'autres termes, qu'elle changeait le sens de l'attribut. Dire, comme la Cour, qu'un électeur est « *incapable,* » ce n'est point dire, comme avait fait le Tribunal, que cet électeur est « *incapable d'aucune décision spontanée parcequ'il est totalement privé d'intelligence.* »

De plus, en faisant abstraction après ces mots : « *incapable d'aucune décision spontanée,* » de cette proposition incidente : « *et qui lui témoignait la plus aveugle confiance,* » la Cour a également oublié que c'était là une proposition incidente explicative, qui jouait un rôle important dans le développement de la pensée du tribunal.

Dire que Rivier, *l'électeur totalement privé d'intelligence,* témoignait à Kersulec la plus aveugle confiance, c'était constater, entre deux hommes désignés, des relations tout-à-fait spéciales, et se tenir dans un ordre d'idées qui excluait toute intention de rien *poser en principe.*

Donc le Tribunal n'avait rien posé en principe, et n'avait jugé qu'un fait.

Voici, du reste, le texte complet du jugement Kersulec-Rivier :

« Attendu que la prévention qui pèse sur Kersu-
« lec, a sa base dans la déclaration de Rivier, son
« co-prévenu, laquelle est ainsi conçue : Kersulec
« est venu chez moi me donner un franc, et me
« remettre un billet avec lequel j'ai voté. C'était
« pour un monsieur de la Chambre qu'il ne m'a
« pas désigné. »

« Attendu que, de son côté, Kersulec affirme
« avoir donné ladite somme à Rivier en même
« temps qu'un certain nombre de bulletins de vote
« qu'il chargeait celui-ci de distribuer ;

« Attendu que la vérité des faits, tels qu'ils sont
« rappelés par Rivier, *fut-elle démontrée, et elle ne*

« *l'est pas,* la culpabilité des prévenus ne serait « nullement établie ;

« Attendu que, si le principe du suffrage uni- « versel comporte le vote d'hommes aussi totale- « ment privés d'intelligence que l'est Rivier, on ne « saurait, sans exagérer outre mesure la portée « des choses, imputer aux prévenus, à titre de cor- « ruption, savoir : à Rivier, d'avoir reçu simulta- « nément un bulletin de vote et la modique somme « de un franc, d'ailleurs non stipulée comme con- « dition de son vote ; à Kersulec, d'avoir loyale- « ment, non pas payé, comme le prétend la pré- « vention, mais simplement déterminé le vote « d'un électeur ou indifférent, ou incapable d'au- « cune décision spontanée, et qui lui témoignait la « plus aveugle confiance.

« Par ces motifs, le Tribunal renvoie les préve- « nus des poursuites dirigées contre eux, sans « dépens. »

De bonne foi, quand, dans un jugement, un Tribunal a commencé par tirer du texte de l'aveu imputé au prévenu une preuve de sa faiblesse d'esprit, qu'il l'a ensuite déclaré « *totalement privé d'intelligence,* » peut-il être permis, parce qu'on trouve dans ce même jugement, à propos de ce même prévenu, qu'il est « *indifférent, incapable d'aucune décision spontanée,* » peut-il être permis d'invoquer ces deux expressions : *indifférent et incapable,* surtout la dernière qui, en français, employée absolument, comme a fait la Cour, et n'avait pas fait le Tribunal, prend une signification toute spéciale, pour en faire ainsi arbitrairement la base d'un raisonnement qui avait été exclusivement appliqué à l'homme « *totalement privé d'intelligence,* » et conclure, malgré un texte qui juge manifestement en fait, à une déclaration de principe aussi ridicule que celle injustement attribuée par la Cour aux Juges de première instance.

Remarquons aussi que le Tribunal, en disant expressément qu'il ne voulait pas exagérer outre mesure la portée des choses, avait, par le fait même de cette déclaration, rendu hommage à des idées tout-à-fait exclusives du caractère absolu de celles qui lui étaient inconsidérément prêtées.

Et puisque, dans son appréciation du jugement Kersulec-Rivier, la Cour avait fait abstraction de cette circonstance, relevée par le Tribunal, que Rivier était un homme « *totalement privé d'intelligence, incapable d'aucune décision spontanee,* » il est trop clair qu'elle ne pouvait s'emparer du mot « *déterminé* » qui faisait allusion à cette situation morale, pour l'opposer au mot « *payé,* » comme avaient fait légitimement les premiers Juges, sans détourner, au profit d'une injuste critique, une opposition de mots que les droits du raisonnement, comme ceux de l'équité, avaient ailleurs surabondamment justifiée.

Dans de telles circonstances serait-ce aller trop loin que de se demander si le mot d'« *Escobar,* » lancé pendant la séance de la Chambre, du 6 Décembre 1878, ne serait point le reflet exact, le contrecoup, je ne dirai pas l'écho des interprétations erronées de la Cour auxquelles, par avance, avaient été initiés un certain nombre de Députés ?

D'ailleurs si, au premier abord, le texte du jugement pouvait présenter un peu d'obscurité, une seconde lecture, indispensable avant une accusation compromettante, aurait levé toute espèce d'incertitude, et fait perdre aux ennemis du Tribunal l'occasion de déférer ses décisions à l'indignation de la « *conscience publique.* »

En s'abstenant d'invoquer, à l'appui de ses accusations sur les principes du Tribunal, le considérant de la Cour que je viens de commenter, le savant auteur des critiques a-t-il craint d'affaiblir sa thèse par l'appui d'une erreur manifeste ?

Ou plutôt, en présence de l'identité parfaite qu'il rencontrait entre ses griefs et ceux de la Cour, sur des textes qui ne se faisaient principes généraux et dangereux qu'à cause de citations habilement tronquées dans le premier cas, insuffisantes, par mégarde, dans le second, le Rapporteur s'est-il aperçu qu'il ne devait pas désigner lui-même son œuvre comme le véritable danger qu'il fallait prévoir avant celui d'une « *doctrine subtile qui conduirait aux applications les plus dangereuses de la loi,* » doctrine que le Tribunal n'avait jamais émise, ainsi que cela vient d'être démontré ?

Ou, plutôt encore, M. le Rapporteur n'a-t-il pas nécessairement puisé, dans l'erreur manifeste que je viens de signaler, la première idée de son agression ? Que dis-je, n'a-t-il pas voulu mieux faire que la Cour elle-même, et, encouragé par une opinion qu'il trouvait aussi bonne à exploiter que mal assise, ne l'a-t-il pas établie devant la Représentation nationale sur le piédestal solide et correct que j'ai examiné ?

En tout cas, je suis, certes, du nombre des spectateurs blessés dans ces solennités, c'est pourquoi j'ai le droit de rechercher quelles précautions ont manqué à leur plan et à leur ordonnance.

Nous sommes tous plus ou moins exposés à commettre des erreurs, et, à cause de cela, nous avons besoin de l'indulgence les uns des autres. Moi aussi je me suis trompé, comme tant d'autres, dans l'appréciation du sens d'un arrêt dont je ne connaissais, d'ailleurs, que le dispositif, et Dieu sait quel usage M. le Procureur général Vételay a fait de mon erreur, à l'audience de la Cour de Rennes, du 13 janvier 1879 !

Et cependant, quelle différence entre mon erreur et celle de la Cour !

La Cour avait eu mon jugement complet sous les yeux ; moi je n'avais eu que le dispositif de son arrêt.

Mon erreur ne pouvait déchaîner aucune violence ; dans le vaste domaine du mal, elle était complétement impuissante.

Elle était d'autant plus loyale et inoffensive qu'elle se trouvait dans un jugement d'avance frappé d'appel, confirmé depuis, et dont, par conséquent, la citation erronée devait passer sous les yeux de la Cour, qui avait rédigé l'arrêt.

Mais, parcequ'il s'agissait d'un Tribunal situé dans un arrondissement en quelque sorte terrorisé, miné par des dénonciations toujours suivies d'effets désastreux ; où il n'était permis à personne d'ignorer ce qui était à redouter, où il fallait tout prévoir ; ou nul, même le magistrat sur son siége inamovible, ne pouvait compter sur un lendemain s'il suivait trop ouvertement la seule influence du devoir ; dans le plus petit arrondissement de cette Basse-Bretagne que l'on peut hardiment appeler sauvage, si l'on songe à la sauvagerie des moyens employés pour lui ravir sa supériorité morale ; où les calculs les plus mesquins exposaient journellement des populations honnêtes et craintives à l'effroi, pour elles invincible, des poursuites judiciaires ; où la vigilance et la sagacité du Tribunal le livraient à des haines violentes, fruit de l'impuissance des dénonciateurs ; que dis-je, dans un arrondissement assez mal étudié, assez mal connu, assez abandonné à toutes les surprises pour qu'à tel jour donné, on pût voir la trame que je déroule en ce moment déjouer, malgré l'incomparable grossièreté de son tissu, et la bassesse de ses moyens, déjouer le sang-froid et la pénétration de Magistrats appartenant à toutes les Juridictions, atteindre et faire condamner à faux, à une peine inouïe jusqu'à ce jour, le Chef de son Tribunal, parcequ'il se montrait trop fidèle à ses devoirs ; dans un arrondissement dont la fermeté et l'autorité morale des Magistrats étaient, dès lors, l'unique sauvegarde ; je le demande, n'était-ce point donner à la malveillance une occasion bien précieuse, n'était-ce point commettre la plus fatale et la plus dangereuse des erreurs que d'accuser à tort ce Tribunal d'une niaise déclaration de principes, dans la quelle pouvaient sombrer et son prestige et son autorité ? Que dire si l'on réfléchit que cette imputation était d'autant plus inutile que la Cour, aussi bien que le Tribunal, s'était trouvée dans l'obligation d'acquitter les prévenus !

Je suis malheureusement appelé à démontrer que cette erreur a été la source de l'accusation si bien mise en œuvre par la transformation, en texte non souligné, des mots mis en italiques et soulignés dans le jugement Kervran, et la transformation d'un autre genre signalée par moi dans le jugement Rivier.

Ecoutons d'abord le bénéficiaire de la discussion, c'est-à-dire le Député dont l'élection fait l'objet du rapport, à la séance du 6 décembre 1878, écoutons-le avouant, dans sa plainte, après ma protestation, le service que lui a rendu le *blâme* de la Cour, et payant en politesse sa dette de reconnaissance :

« Il y a eu, dans l'élimination volontaire des mo-
« tifs de Quimperlé un *blâme* implicite, dont j'avais
« le droit de m'emparer, et dont je continue à faire
« honneur à la Cour de Rennes. »

Et d'abord, quant à l'élimination volontaire, elle n'était pas si *volontaire*, que vous prétendez, car, ainsi que je l'ai démontré, c'est en oubliant une notable partie des considérants indispensables au développement de la pensée du Tribunal que la Cour a trouvé l'étonnant principe dont elle s'est scandalisée, d'où la conséquence que, si l'élimination était volontaire, elle serait par trop coupable.

Mais vous, pourquoi vous appuyiez-vous sur le prétendu blâme implicite quand vous aviez à votre disposition le blâme explicite, et quel précieux blâme pour le succès de votre thèse ! C'est parceque, si grand que fût votre acharnement contre le Tribunal, qui n'est qu'une juridiction inférieure et faible, si grande que fut votre souplesse devant la Cour, parcequ'elle est une juridiction supérieure et forte, vous compreniez que vous étiez contraint de respecter quelque peu le jugement du Tribunal, et de tourner le dos à l'arrêt de la Cour. Aussi, quand vous prétendez que vous continuez à lui « *faire honneur de ses éliminations,* » en fait, vous ne parvenez qu'à blesser son amour-propre de la manière la plus cruelle, car vous lui dites : Je « m'empare de votre esprit de blâme parcequ'il « convient à ma passion, mais je laisse de côté « votre preuve qui n'est pas concluante. Le consi- « dérant dans lequel vous avez spécifié, incarné « votre grief, et signalé le danger que vous avez « découvert, je n'en veux point, je le rejette ; il ne « vaut rien ici, ... j'en ferai usage ailleurs. »

Hélas ! ce qui est beaucoup plus grave qu'une blessure à l'amour-propre de la Cour, c'est que son erreur a ouvert les horizons qui ont été parcourus avec tant d'éclat. Ce principe extrait par elle du jugement Rivier, ce principe qui proclamerait, au moyen d'une inadmisible subtilité, une sorte d'immunité relative en matière de corruption électorale, ce principe dont on n'avait point osé faire état à propos du jugement Rivier, où la Cour l'avait découvert, on l'a transporté dans le jugement Kervran, où on en a fait un principe presque général. Il s'y installe, par les moyens que j'ai indiqués, moyens que la Cour de Rennes et la Cour de Cassation ont vainement refusé de reconnaître ; il s'y installe pour être, à côté du silence significatif gardé sur le considérant de la Cour, dans l'arrêt Rivier, la preuve irréfutable de la mauvaire influence d'une impardonnable erreur.

Il existe toutefois une différence entre le principe trouvé par la Cour dans le jugement Kersulec-Rivier, et celui introduit par le Rapporteur dans le jugement Kervran. L'accusation de la Cour contre le Tribunal porte sur la corruption active ; celle du Rapporteur vise la corruption passive. Cette différence était imposée par les espèces à juger, et la persistance du grief à travers des situations différentes n'en prouve que mieux l'origine.

Le jugement Kervran se prêtait merveilleusement à l'accomplissement de l'acte que j'ai dévoilé : il suffit de n'y point souligner les mots soulignés par le Tribunal. On ne trouve dans ce jugement ni l'électeur « *incapable ou indifférent,* » ainsi qualifié par la Cour toute seule, et qui autoriserait des décisions plus ou moins arbitraires ; on y trouve encore moins l'électeur « *totalement privé d'intelligence,* » qui impose aux juges l'acquittement ; on peut donc, sans être gêné par aucun texte, en effaçant les signes extérieurs doublement tracés par le Tribunal et dont, par conséquent, le retranchement est une double preuve d'intentions parfaitement caractérisées, on peut lancer à toutes guides, à la charge du Tribunal, ce principe d'immunité générale en matière de corruption électorale : Recevoir de l'argent pour aller voter n'est pas le délit de corruption prévu par la loi. Puis, comme si les décisions judiciaires ainsi livrées aux mauvaises passions, se prêtaient, dès lors, à toutes les fantaisies imaginables, après avoir fait passer le fameux principe censuré par la Cour, du jugement Rivier dans le jugement Kervran, le jugement Rivier se trouvant ainsi déchu de l'honneur de le contenir, on le console de la perte du don généreux qu'il avait reçu : au moyen du retranchement du texte et de l'altération spéciale que j'ai signalés, il sera doté de la conséquence du principe, c'est-à-dire de son application.

Toutes ces combinaisons de jurisconsultes habiles ne peuvent avoir pour source que le désir violent de *faire honneur*, pour me servir des expressions du plaignant, de faire, à la Cour de Rennes, honneur de son erreur.

Le principe dénoncé par la Cour, ce principe revu, corrigé, amendé, devenu de principe relatif principe général, et transporté, par le travail du Rapporteur, du jugement Rivier, où elle l'avait signalé, dans le jugement Kervran, où elle ne l'avait pas soupçonné : Quel trait de lumière ! Quel enseignement !

Et maintenant, dis-je au Directeur de journal, votre main qu'il n'entre pas du tout dans mes desseins de désigner ici à cause d'elle-même, mais que je suis bien obligé d'atteindre, puisque je la rencontre dans celle de la poursuite, quand la justice n'appartient qu'à la Justice ; votre main si stoïquement dégantée par les deux articles jumeaux de votre journal, du 17 février 1882, dont le premier dénonce l'audience ministérielle qui vous avait été donnée le 13, et l'autre, la poursuite disciplinaire dont elle était l'objet ; votre main qui, depuis cette révélation, porte ostensiblement au doigt le signe certain d'une alliance illégitime ; votre main qui a signé la plainte de 1878, et conduit ainsi la Cour de Rennes à cette extrémité, pour elle étrange, excessive, inouïe, intolérable, de juger et de condamner pour outrage un magistrat, parcequ'il avait loyalement protesté contre des outrages adressés au Tribunal, par vous et les vôtres, en abusant d'une grave erreur commise par cette même Cour ; votre main est celle du Directeur de journal qui, dans la matinée du lundi, 13 février 1882, était en audience du Ministre de la Justice, discutait avec lui les bases et les conditions pratiques de la poursuite disciplinaire réalisée depuis ; votre main est celle du Directeur d'un journal qui, le 17 février 1882, quatre jours après l'audience ministérielle, publiait la fantastique histoire de la main étrangère, histoire qui passait dans l'enquête au moyen de l'acquiescement du commis-greffier aux invitations qui lui avaient été faites dans les articles concomitants des 3, 10 et 17 février 1882 ; permettait, après l'enquête, d'obtenir, de Monsieur le Procureur Général près la Cour de Cassation, des conclusions pour la déchéance, et de les faire publier illégalement, le 23 juin 1882 ; puis, enfin, aboutissait à la Cour de Cassation, pour y être discutée pendant trois audiences, sans que ce grand Corps Judiciaire s'aperçut de ce qu'elle contenait d'extravagant et de monstrueux, et sans qu'il pût donner à la victime d'autre consolation que la déclaration d'insuffisance de preuves en fait rassemblées par les élucubrations les plus révoltantes d'un journal qui, en bas, par ses articles hebdomadaires, avait catéchisé un commis-greffier pour obtenir son témoignage, en haut, par son Directeur, avait catéchisé un Garde des Sceaux pour obtenir une poursuite; rencontrait bientôt une enquête tout éblouissante d'orthodoxie ; et, en réalité, devait un jour faire apparaître devant les siéges les plus élevés de la Magistrature Française, pour le supplice d'un de ses membres, le spectre immonde, le spectre sinistre et bouffon, auquel il avait donné des ailes, et qui s'appelle « *la main étrangère.* »

Il y a des situations où il faut prévoir les conséquences probables de telles ou telles erreurs, de telles ou telles imprudences.

L'erreur de la Cour, dans son appréciation des motifs du jugement Rivier, avait eu pour contrecoup les attaques qui se sont produites à la séance de la Chambre des Députés, du 6 décembre 1878.

A l'audience ds la Cour d'Assises du Finistère, du 13 janvier 1882, M. le Président et M. le Procureur général m'ont accusé de faire des insinuations malveillantes dés que j'ai parlé, comme mon devoir de témoin m'y obligeait, du propos du commis-greffier.

Cette accusation a fait le triste chemin dont je viens de retracer les étapes.

J'ai étudié jusqu'ici les actes d'Instruction qui ont servi à édifier contre moi des accusations d'une incontestable gravité. Il me reste à étudier brièvement dans quelles circonstances, et à l'aide de quelles inexactitudes, on a dénoncé, poursuivi et jugé le crime d'avoir, dans une église, le jour des Prières publiques, été occuper la place que j'y occupais invariablement, dans toutes les cérémonies publiques, celle que m'assignait le décret de Messidor ; le crime d'avoir, étant étranger dans une ville, dîné dans un hôtel ; le crime d'avoir pris, dans un café, une tasse de café.

Quelle alliance, quelle promiscuité entre la saisie de ces trois derniers faits, comme délits disciplinaires, en raison des circonstances dont on va les entourer, et la saisie d'une complicité de diffamation au nom d'une date, pour une première charge ; par l'oubli complet d'une circonstance capitale, par une impardonnable et palpable équivoque, pour une seconde charge !

Quelle fatalité si, pour un cas, la date fatidique étant reconnue fausse ; pour un autre, la circonstance capitale oubliée étant qu'il s'agissait d'un avoué, et non d'un Procureur de la République, il se trouvait encore que les circonstances dont l'enquête a escorté les trois derniers crimes dont j'ai à parler, fussent toutes absolument contraires à la vérité !

Elles sont toutes absolument contraires à la vérité.

Qui dois-je donc accuser ici ? des domestiques d'hôtel, des garçons de café ?

Je me hâte de déclarer que je tiens tous ces témoins pour très-honnêtes gens, et voici la seule question que contienne mon enquête à l'égard de leurs dépositions :

Si l'instruction dirigée par M. le Juge d'Instruction de Quimperlé, ou l'enquête disciplinaire de M. le Conseiller Délégué ont, dans des travaux respectifs, erré au point d'obtenir, savoir :

Du Président du Tribunal, qu'innocent, il s'accusât par l'acceptation d'une date dictée par M. le Juge d'Instruction, date absolument inexacte, et qui était le pivot unique d'une accusation dirigée contre ce Président, accusation complétement ignorée de lui ;

De ce même Président, qu'il déclarât, par le seul effet de l'erreur qui lui avait été ainsi imposée, une date dans l'Instruction, une autre devant la Cour d'Assises, le tout produisant une divergence de dépositions dont M. le Conseiller Délégué n'a pas craint de faire un délit disciplinaire ;

De M. le Juge d'Instruction de Quimperlé, qu'il déclarât solennellement n'avoir point compris la portée de la date qu'il avait dictée pendant son Instruction ;

Du Commis-greffier du Tribunal, qu'il niât comme ferait un coupable, s'être servi d'expressions absolument inoffensives, et dont il s'était réellement servi ;

De ce même Commis-greffier, qu'un propos rapporté par moi fût scindé dans l'enquête disciplinaire ;

Quel secours a-t-on pu obtenir des dépositions dont il s'agit ?

Que de « *mains étrangères* » ont dû se rencontrer dans cette foule de mains inoffensives !

Jamais je n'ai consulté le dossier avant de me présenter devant la Cour de Cassation : c'était une étude dont, au moins, j'étais libre d'affranchir ma dignité de magistrat.

Comment se fait-il que Monsieur le Procureur de la République ayant, le 15 janvier 1882, jour des Prières publiques, occupé dans l'église de Quimperlé, un fauteuil à la tête du Tribunal, avant celui du Président, et mis ainsi ce dernier au second rang, à sa gauche, et tout le Tribunal en situation inférieure à l'égard du Chef du Parquet, que le Président ayant, dès lors, pensé qu'il devait quitter son siége pour aller occuper au chœur sa place habituelle, on ait fait abstraction de ces circonstances, et profité d'un déplacement rendu indispensable par la faute de Monsieur le Procureur de la République lui-même, pour libeller ce considérant d'accusation :

« Attendu que, le 15 janvier, jour des Prières « publiques, à Quimperlé, le Président Collinet de « la Salle aurait encore affecté une attitude incon- « venante vis-à-vis du Procureur de la République, « en quittant avec affectation sa place à l'église, « aussitôt que le Chef du Parquet était venu s'as- « seoir à côté de lui » ?

Est-il possible que je sois appelé à refuter de pareilles choses, et tout critique ne pourrait-il pas prétendre que Procureur Général et Procureur de la République voulaient, à tout prix, des outrages : l'un par droit hiérarchique, l'approche avec crachat ; l'autre, par esprit de déférence, la simple fuite avec affectation ?

Ce que le lecteur sérieux et sévère aperçoit ici, à la place de ces effets d'attraction et de répulsion, n'est-ce pas le point de contact qui les rattache au système d'interprétation malveillante appliqué à tous mes actes ?

Mais M. le Procureur de la République s'est chargé d'expliquer lui-même sa pensée : il est venu s'asseoir au chœur à mes côtés. Donc, il ne se tenait pas pour suffisamment outragé. Attendait-il nouvelle aubaine ? Il ne l'a point eue : j'étais averti par le seul fait de sa propre affectation, et, plutôt que de bouger d'un millimètre, je me serais fait tuer sur place. Si Monsieur le Procureur Général m'avait aussi averti qu'il prendrait pour outrage ma rencontre avec lui sur le pont de Quimper, je serais resté encore un jour dans cette ville, plutôt que de m'exposer à le trouver à la gare ! Le hasard m'aurait peut-être fait dîner à l'hôtel avec quelque grand-prêtre de la politique : c'eût été une édification publique, bien capable assurément de me relever des chûtes dont je vais parler.

Se peut-il que la Cour de Cassation ait été appelée à se prononcer sur de pareilles choses !

Comment a-t-on profité de l'obligation où j'étais de prendre gîte dans un hôtel de Quimper pour me faire condamner, au moyen d'un considérant ainsi formulé :

« Attendu que, dans la soirée du 13 janvier der-
« nier, à la suite d'une ordonnance d'acquittement
« prononcée par le Président de la Cour d'Assises
« du Finistère, en faveur des sieurs Harin et de
« Mauduit, poursuivis pour diffamation envers un
« Magistrat, à raison de ses fonctions, le Président
« Collinet de la Salle a partagé, dans dans un hôtel
« de la ville de Quimper, le repas des prévenus
« acquittés » ?

Ainsi que je l'ai juré, à la face de toute la France, rien n'est plus absolument contraire à la vérité que le fait visé par ce considérant. Je n'ai partagé aucun repas avec les deux prévenus ; je n'en ai aperçu qu'un seul ; il avait pris place, après moi et loin de moi, à la même table d'hôte, au milieu de cinquante personnes qui m'étaient étrangères ; je m'étais fait servir autrement que les autres voyageurs. J'ignorais absolument la présence de M. de Mauduit dans l'hôtel ; je n'avais pas échangé un seul mot avec lui.

D'ailleurs, est-ce que M. le Président des Assises n'était pas descendu au même hôtel que le prévenu et moi ? Ne s'était-il pas exposé à nous rencontrer à chaque pas ? Que dis-je, ne prétendait-il point recevoir ma visite après l'audience, ne l'a-t-il pas déclaré dans sa déposition ? Il me l'aurait donc rendue. C'est-à-dire qu'en descendant de son siége M. le Président des Assises était disposé à entrer en relations de politesse avec moi, le principal accusé de l'audience, avec moi, le complice du diffamateur, avec le témoin qui venait de manquer à son serment, avec moi qui, si les débats avaient été vrais, ne pouvais sortir de l'audience qu'avec une tache au front !

O Dignité, Loyauté du Magistrat, Virginité de la Toge, seriez-vous donc désormais si peu de chose qu'une heure après avoir tenté de me séparer à jamais de vous, au milieu des débats d'une Cour criminelle, sur l'autel même de la Justice, on ait conçu l'idée de m'imposer, si tôt après le sacrifice, l'obligation de vous faire revivre, de vous restaurer, où et comment ? Dans une salle à manger d'hôtel, à une table d'hôte, au moyen de quelque grossièreté à l'adresse d'un homme honorable qui, inopinément placé en présence d'un mystère de precédure criminelle indécent et inacceptable, avait eu le tort d'afficher sa propre croyance, et l'avait cruellement expié !

Non, au sortir d'une audience où des poursuites m'avaient été solennellement annoncées j'étais absorbé, — loin de l'accomplissement d'un acte public sans valeur et sans dignité, — par la lecture de pages que je lisais au fond de ma conscience, et au frontispice de chacune desquelles se détachaient ces mots écrits en lettres de feu : Pas de juge qni te condamne jamais sans erreur impardonnable, sans être ou mystifié ou criminel.

Comment se fait-il qu'ayant été à Quimper prendre une tasse de café dans le café le plus voisin de mon hôtel, seul à seul avec un autre magistrat, comme moi témoin, on ait assez abusé des choses pour, en tirant sans doute parti de ce qu'un des prévenus acquittés, auquel je n'ai point adressé la parole, jouait au billard dans une salle voisine, m'attabler avec les prévenus acquittés, prenant avec eux des « *consommations,* » et me condamner de ce chef ?

Est-ce parceque, devant M. le Conseiller Délégué, j'ai fait toutes les hypothèses possibles pour m'expliquer, à près de quatre mois de distance, la cause d'une pareille méprise ?

O Vérité impie, ô Bonne Foi barbare, ô coupable et criminelle Innocence, quand donc seront institués des tribunaux pour, au sortir de ceux où vous aurez trompé les juges, vous châtier de vos forfaits, ou de votre imbécillité !

J'ai reconnu qu'une personne était venue d'une salle voisine me prier d'aller causer avec elle.

Nous avons causé.

On m'a dit que, dans cette salle, se trouvaient des hommes politiques.

Je ne sais pas et ne veux pas savoir qui Monsieur le Conseiller Délégué désigne, en général, par ces expressions ; je sais seulement que, dans cette circonstance, il visait des hommes dont l'honorabilité s'impose, mais avec lesquels je n'étais pas ; des hommes et des opinions qui lui étaient peu sympathiques, et qu'il jugeait d'un autre point de vue que ceux où mes fonctions m'ont toujours placé : les principes et les actes.

On m'a demandé si, parmi ces hommes, ne se trouvait pas un imprimeur de Quimperlé.

Est-ce ici qu'il fallait mentir ?

On m'a dit que cet imprimeur avait été condamné par moi-même.

J'avoue que je ne m'étais jamais posé la question de savoir s'il était flétri pour avoir confondu une affiche de Concours d'Animaux gras avec ce qu'en terme d'imprimerie, on nomme un *bilboquet*. Je ne me doutais pas alors que j'aurais un jour recours à son art pour imprimer ces tristes pages ; mais, était-ce un pressentiment de l'enquête ?

J'ai riposté que moi-même j'avais été condamné.

On m'a répondu que ce n'était pas la même chose.

Pour moi, je préfère de beaucoup les condamnations de l'imprimeur aux miennes : il se perdait dans ma compagnie, je me relevais dans la sienne.

Malheureusement je n'ai dit un seul mot dans cette soirée compromettante ni à l'imprimeur, ni aux prévenus acquittés, ni aux *hommes politiques*.

Quant aux « *consommations,*.... » voilà un mot d'estaminet qui a pu paraître à la hauteur des circonstances ; mais, à aucun âge de ma vie, dans aucun café du monde, quand l'éloignement de mon domicile a forcé mes habitudes, je ne me rappelle avoir ajouté une goutte d'eau-de-vie, soit à une tasse de café, soit à un verre d'eau sucrée.

Il pourrait donc me sembler plaisant d'être aujourd'hui, et par arrêt de la Cour Suprême, initié aux douceurs de la vie d'étudiant que je n'ai jamais connues. Je pourrais me demander avec regret pourqu'oi l'enquête s'est arrêtée en si beau chemin, pourquoi elle ne m'a point conduit jusqu'aux conséquences dernières des « *libations,* » jusqu'aux pas glissants de quelque *Chaumière* bretonne, et au-delà encore. Mais ce délassement de l'esprit n'a rien ici qui puisse soulager un cœur français, un magistrat jaloux du prestige de nos vieilles institutions.

Grâce donc encore pour votre généreux pluriel, vaillants feuillets de cette enquête ! Grâce pour les petits méfaits comme pour les gros, pour l'eau-de-vie ou l'absinthe, comme pour la calomnie ou le parjure ! Versez le rhum sur les crachats, que la *main étrangère* apporte le feu ! Ce brevage, ce *punch* sinistre est le vôtre et non le mien : mes lèvres en seront vierges. Mais je veux bien, puisque vous m'avez invité, je veux bien, à sa clarté lugubre, plonger mes regards, les regards de la pensée calme et sereine, dans ceux des accusateurs et des témoins ; je veux bien relire cette histoire du pont de Quimper où celui qui s'avance calme, seul, sans armes, sans cri de guerre, sans se douter qu'il est sur un champ de bataille, est accablé par le nombre et tombe frappé au cœur,.... du moins on le croyait.

Ici je place une question de pure loyauté, de convenance, et presque d'humanité.

Si la prétention de M. le Juge d'Instruction de Quimperlé devant M. le Conseiller Délégué de n'avoir pas « *compris même après avoir assisté aux débats de la Cour d'Assises du Finistère,* » du 13 janvier 1882, l'importance de la date du 10 novembre 1881, relevée par lui contre moi, contient l'aveu le plus formel de sa légèreté et de son incompétence, ou de l'abus qui en aurait été fait par d'autres ; s'il est incontestable que j'ai été appelé devant la Cour d'Assises en vertu de son acte irrégulier pour y prendre, sous prétexte de témoignage, la situation de complice des prévenus ; si cette situation a semblé préférable, au point de vue d'une condamnation recherchée contre moi, à celle d'une poursuite directe, parceque cette dernière n'eût peut-être point permis, après un acquittement certain, de me poursuivre disciplinairement, n'est-il pas vrai que, devant la Cour d'Assises, on a voulu me faire jouer le seul rôle de prévenu voué à une condamnation aussi assurée que possible, d'où la conséquence nécessaire que c'est par un abus impardonnable des actes, des principes et des mots qu'on a excipé de ma qualité de témoin pour incriminer, en s'appuyant, par ailleurs, sur des faits dont aucun n'a jamais existé, mes prétendues relations, dans la soirée du 13 janvier 1882, avec les prévenus acquittés ?

Prévenu moi-même, et bien moins acquitté que les autres, n'avais-je pas tous les droits possibles aux relations naturelles du malheur, et qui naissent de la conformité des situations ?

Est-il vrai que M. le Conseiller délégué m'ait engagé, ce à quoi j'ai consenti, à renoncer, pour ne point blesser, m'a t-il dit, M. le Procureur Général, à la déclaration suivante aujourd'hui barrée dans le cahier d'enquête : « Dès que je suis arrivé à Quimper j'ai été officieusement averti qu'un orage allait éclater sur moi, et un juge du tribunal, avec le quel je n'avais aucunes relations, s'est exprimé ainsi en ma présencs, et celle d'un certain nombre de personnes : »· « *Quant à moi je ne puis voir* « *ainsi traiter les magistrats, et je quitte demain* « *Quimper pour n'être pas témoin de ce qui va se* « *passer à l'audience ?* »

Comment M. le Conseiller Délégué, n'a-t-il pas compris qu'il ne pouvait me conseiller d'anéantir la déclaration dont il s'agit, sous prétexte qu'elle pouvait offenser M. le Procureur Général, sans me donner immédiatement à entendre qu'il était édifié par mes explications au sujet de l'outrage odieux qui m'avait été imputé par ce magistrat, et par M. le Président des Assises ?

Sans cette illusion eussé-je fait le sacrifice d'un de mes meilleurs moyens de défense, puisqu'il montrait, bien entendu après telles vérifications que de droit, il montrait, dans les auteurs de la plainte, au sujet d'un prétendu outrage, des magistrats iminemment imprudents et qui, avant les débats, avaient préjugé la culpabilité non d'un accusé, mais d'un témoin, non d'un témoin ordinaire, mais d'un membre de l'ordre judiciaire ?

Devant conclure contre moi, comme il l'a fait, M. le Conseiller Délégué pouvait-il se mettre lui-même, par l'anéantissement de ma déclaration, dans l'impossibilité d'en vérifier l'exactitude ? Pouvait-il se dispenser d'interroger M. le Juge de Quimper, sur le renseignement qu'il m'avait donné, MM. les Assesseurs, sur ce qui s'était passé à l'audience ? Pouvait-il se dispenser d'interroger M. le Premier Président lui-même, sur le point de savoir s'il était aussi bien instruit à l'avance qu'un simple juge de Quimper ? M. le Garde des Sceaux eût-il persisté dans l'intention de me poursuivre s'il eût été mis au courant de ces prédictions exactes sur des débats futurs ?

N'était-il pas urgent, de rompre au moins, s'il était possible, par un consciencieux examen du détail révélé dans cette partie de mon interrogatoire, la solidarité qui allait lier l'imprudence du magistrat inférieur, M. le Juge d'Instruction de Quimperlé, l'auteur de l'aveu de la date, objet presqu'unique des débats de la Cour d'Assises, et l'imprudence des magistrats supérieurs, M. le Procureur Général et M. le Président des Assises, lesquels auraient escompté à l'avance la culpabilité d'un témoin, d'un magistrat ; de rompre la solidarité qui allait lier ces premières imprudences et l'imprudence de M. le Premier Président, lequel, ayant renvoyé à

M. le Garde des Sceaux l'examen des faits visés dans ma plainte du 13 avril, et annoncé dans sa dépêche du 21, que j'allais être *mis en situation* de m'expliquer, déléguait ses pouvoirs à l'un de Messieurs les Conseillers sans l'obliger de me confronter avec M. le Juge d'Instruction ; de rompre enfin la solidarité qui allait lier cette nouvelle imprudence à l'imprudence suprême de M. le Conseiller Délégué, lequel, bien loin de procéder d'office à cet acte indispensable, allait s'appuyer sur l'Instruction dénoncée par moi, et la proclamer implicitement régulière, en l'admettant comme élément d'un grave délit relevé par lui, à savoir, la divergence entre mes deux dépositions, l'une acceptant à l'Instruction la date imposée par M. le Juge d'Instruction, l'autre, la repoussant devant la Cour d'Assises, quand m'apercevant pour la première fois de ce qu'on en voulait faire, et sachant mon innocence, j'avais eu l'occasion d'en vérifier l'inexactitude ?

Les principes en matière d'Instruction Judiciaire permettaient-ils que M. le Conseiller Délégué se fît à la fois mon Juge et mon témoin à charge, encore plus mal informé que les autres, et contre le témoignage duquel je ne devais jamais pouvoir me défendre ?

Ne m'a-t-il pas permis, après l'enquête, et dans une conversation confidentielle, de lui communiquer, comme preuve de l'assertion qu'il m'avait conseillé d'effacer, une lettre d'une des personnes les plus honorables de la ville de Quimper, où je suis inconnu, et qui, immédiatement après l'audience de la Cour d'Assises, du 13 janvier, croyait devoir se faire l'écho des protestations de l'auditoire ?

Monsieur le Conseiller Délégué n'a-t-il pas tiré parti de la circonstance que je passais, dans la lecture de cette lettre, une appréciation concernant Monsieur le Procureur de la République, pour s'écrier immédiatement que mon abstention n'était autre chose qu'une insinuation ; pour quitter aussitôt, brusquement et bruyamment, mon cabinet, sans vouloir écouter aucune explication, sans prendre congé de moi, et en m'affirmant, avec autorité, que la lecture de cette lettre me ferait « *beaucoup de mal* » ?

Quel mal un prévenu a-t-il à redouter d'un Juge d'Instruction, en dehors des constatations de l'enquête, et comme effet d'une simple conversation provoquée par ce dernier ?

L'assertion de Monsieur le Conseiller Délégué n'a-t-elle point été, dans mon cabinet, un outrage purement gratuit ? Reproduite à Rennes, en présence de MM. les Conseillers de la Cour, n'a-t-elle point changé de nom ? Outrage et accusation, dans quelles conditions, grand Dieu !

Comment le même Magistrat qui, au début, avait déploré le caractère douloureux de sa mission, a-t-il pu, quand elle était accomplie, s'imposer volontairement et témérairement une pareille douleur de surcroit et de luxe ?

C'est pour moi un devoir de conscience et d'honneur de déclarer publiquement ici que toutes les fois que Monsieur le Président des Assises, Monsieur le Procureur général et Monsieur le Conseiller Délégué m'ont prêté des insinuations défavorables à Monsieur le Procureur de la République Jousseaume, je pensais exactement le contraire de ce qui eût été contenu dans ces insinuations.

Je transcris ici la copie de la lettre dont il vient d'être question. Elle portait une signature illisible, et j'ai été obligé de l'envoyer à Quimper pour connaître son auteur qu'une mort récente et prématurée désigne aujourd'hui naturellement à mon pieux souvenir, et à ma reconnaissance :

Quimper, vendredi soir.

MONSIEUR LE PRÉSIDENT,

Tout-à-l'heure, au sortir de l'audience de la Cour d'Assises, j'ai eu l'honneur de vous serrer les mains en vous exprimant mes sentiments de sympathie pour votre personne, et mon indignation contre les procédés dont vous veniez d'être l'objet.

Voulez-vous me permettre de renouveller l'expression de ces sentiments ?.....

Quelques-uns des magistrats de Quimper m'honorent de leur bienveillante amitié. Je sais par eux tout ce qu'il y a d'honorable dans votre caractère ; mais, si j'avais pu avoir un doute à ce sujet, les accents indignés de vos protestations d'aujourd'hui ne pouvaient tromper personne.

Ce sont bien là les accents d'un honnête homme que l'on outrage. Mais Dieu a voulu que la honte retombât sur vos adversaires.

Que de protestations indignées j'ai entendues ce soir au sujet des procédés dont vous avez été l'objet ! Il me semblait qu'il était de mon devoir de vous les transmettre. Ce témoignage d'estime vient d'une source trop modeste pour apporter un adoucissement quelconque à ce que vous avez dû souffrir. Mais, encore une fois, j'ai cru qu'il était de mon devoir de vous l'adresser avec l'expression de mes sentiments de respect.

SALAUN.

J'arrive à mes dernières questions.

Si l'œuvre du sacerdoce proprement dit est, dût y périr le repos de tous ses membres, d'armer et de protéger les âmes contre une puissance infernale qui les tourmente et les convoite, une des œuvres les plus importantes de la Justice n'est-elle point de défendre leur indépendance et leur liberté contre une puissance terrestre qui les enchaîne déjà ?

La pensée constante d'une Magistrature digne de ce nom, d'une Magistrature ayant droit à la reconnaissance sociale, comme institution à la hauteur des circonstances présentes, ne doit-elle pas être, dût y périr le repos de tous ses membres, de conjurer, par l'indépendance de ses décisions, le péril imminent que court toute indépendance devant la force inconsciente des masses et l'immoralité consciente de leurs maîtres ?

Aurais-je manqué à ce devoir ?

A un autre point de vue, est-il un esprit sérieux, est-il un jurisconsulte, est-il un penseur qui puisse découvrir, par l'étude approfondie du drame que je viens de décrire, quel peut être contre moi le grief avouable, légitimement et légalement antipathique à qui de droit, vice préjudiciable aux vrais intérêts et a la dignité de la Justice, et qui, au défaut de l'existence de délits auxquels je n'ai jamais pensé, se révèle du moins assez par l'esprit et l'ensemble de la poursuite, pour rappeler, en désespoir de cause, la morale judiciaire de la fable ?

> Le juge prétendait qu'à tort et à travers
> On ne saurait manquer condamnant un pervers.

Je porte cette question au tribunal de la conscience publique.

C'est un défi.

Je me trompe ; l'ennemi de la mauvaise foi et du mensonge ; l'ennemi de tout despotisme et de tout servilisme, de toute ambition malsaine et de toute défaillance ; l'ennemi des exactions et des abandonnements, de la trahison et de la lâcheté, de la bassesse et de l'hypocrisie ; tout témoin trop ému des abaissements de la patrie et de la chûte irrémédiable de nos vieilles institutions ; tout homme qui ne sacrifie pas la destinée sociale à ses instincts égoïstes et pervers ; que dis-je, quiconque n'est point prêt, pour sauver ses intérêts, à souffleter le Bon Sens, la Raison, la Loyauté, l'Honneur, le Droit, la Justice, Dieu n'est-il pas naturellement aujourd'hui le plus dangereux et le plus craint des pervers ?

J'ai terminé mon instruction.

Monsieur le premier Président,

Au cours du douloureux examen auquel j'ai le malheur de vous convier, vous voudrez bien vous rappeler quels efforts j'ai toujours faits pour que les affaires judiciaires de mon arrondissement, affaires souvent entourées des plus sérieuses difficultés, — vous en avez fait une expérience à laquelle j'étais loin de m'attendre, — fussent bien connues à la Cour. J'ai, pour cela, multiplié les détails dans des jugements où ces précautions étaient indispensables, et mes intentions ont été méconnues.

Vous reconnaîtrez que, dans ma propre affaire, pendant une poursuite dont les surprises ne seront jamais connues, j'ai été aveuglé par les clartés trop lumineuses de ma conscience ; que, s'il se fût agi d'un de mes justiciables attendant son sort d'une enquête dirigée par moi, j'eusse tout fait pour arriver à la vérité.

Vous me rendrez ce témoignage que j'eusse risqué cent fois ma position avant d'oublier qu'en ces jours de mensonge, de corruption, de violence, et aussi de quiétisme fatal, le seul côté véritablement sérieux d'une enquête consiste, la plupart du temps, dans la contre enquête.

Vous me rendrez cette justice que j'eusse souffert cent fois la mort réelle, et même le déshonneur apparent avant de consentir à entraîner la Cour Suprême dans une déplorable série d'erreurs, et à soumettre un collègue honorable aux plus épouvantables épreuves.

Vous vous rappellerez, Monsieur le Premier Président, ces dépêches dont on a fait contre moi des griefs parcequ'elles annonçaient trop exactement ce qui est arrivé, ces dépêches par lesquelles je demandais ou des poursuites, ou, au moins, des avertissements qui missent fin aux inqualifiables attaques dont le Tribunal était l'objet, parcequ'il se refusait obstinément à devenir l'instrument d'actes dont on voulait effrayer les populations de la Basse-Bretagne.

Vous reconnaîtrez, dans ce passage du rapport de M. le Député Neveux, lu à la séance de la Chambre, du 26 mars 1878, où il est dit que le Tribunal « *garantit aux coupables l'impunité,* » identiquement le même reproche que celui au nom duquel on a défiguré ses jugements, à la séance du 6 décembre 1878 ; vous remarquerez qu'entre l'un et l'autre rapports, ayant tous deux trait aux mêmes intérêts personnels, se place la fatale erreur commise par la Cour, dans l'Arrêt du 27 juillet 1878, erreur visant, comme les deux rapports, les prétendues maximes du Tribunal en matière de corruption électorale ; vous n'oublierez pas surtout que, peu de temps avant cet Arrêt, c'est-à-dire le 2 mai, j'avais eu l'honneur de vous informer que le Tribunal, sur vos conseils et ceux de Monsieur le Procureur Général, renonçait à porter plainte au sujet de l'attaque du 26 mars, d'où il suit que l'erreur de la Cour n'aurait jamais dû se produire.

Vous rapprocherez de ces circonstances ce fait que, dans l'un et l'autre rapports, il s'était agi uniquement de décisions pleinement confirmées au fond par la Cour, d'où la conséquence forcée qu'à la Chambre on savait bien qu'on ne poursuivait pas une Justice partiale, mais réellement, intrinsèquement, l'indépendance d'un Tribunal qui refusait de s'associer à un système de compression. A tort ou à raison, on pensait évidemment que des jugements de condamnation eussent été confirmés en Appel, comme étaient confirmés les jugements d'absolution, et on voulait forcer la Justice.

Vous relirez, enfin, et méditerez avec plus d'indulgence ma dépêche, du 2 mai 1878, à laquelle je viens de faire allusion, où je disais, parlant du Tribunal, et regrettant mon impuissance :

« Peu lui importait, enfin, que les outrages dont
« il se plaignait eussent ou nom passé inaperçus.
« Si cette dernière hypothèse était vraie, comme
« vous et Monsieur le Procureur général semblez
« le croire, il y avait encore plus d'intérêt à signaler
« des faits qui, par cela seul qu'ils peuvent passer
« inaperçus, éclairent d'un jour sinistre la situa-
« tion présente et les destinées de la Magistra-
« ture. »

Les faits passaient si peu *inaperçus* que la Justice disciplinaire devait y puiser bientôt, ainsi que je l'ai amplement démontré, ses armes les plus meurtrières.

Mes prévisions se sont réalisées : les jours sont plus sombres que nul ne l'aurait supposé, et vous connaissez comme moi l'état effrayant des inscriptions qui pèsent désormais sur ce beau domaine du Droit à la garde duquel Vous et moi, dans des sphères si différentes, nous avions été préposés contre les tentatives de l'arbitraire.

Vous avouerez désormais que le rapport du 26 mai 1878, par ce fait seul qu'il est resté sans protestation, a contenu dans ses flancs le rapport du 6 décembre suivant, où les jugements étaient attaqués dans la forme matérielle des textes ; que ce dernier rapport, par cela seul que mes protestations ont été suivies de poursuites et de condamnations, a renfermé dans ses flancs l'acte, quel qu'en soit l'auteur, quels qu'aient été ses moyens d'exécution, l'acte qui a fait passer sous les yeux de la Cour, et réformer par elle, un jugement du dossier duquel on avait détaché la pièce principale et dont la Cour, pour réformer, constate l'absence ; que c'est ma vigilance à propos de ce fait qui a servi de point de départ aux poursuites disciplinaires ; qu'enfin, la Cour de Cassation n'ayant pu atteindre dans un seul de mes actes un seul délit conforme au principe de ces poursuites, m'a condamné sur des griefs accessoires dont l'invraisemblance eut dû vous alarmer, surtout en présence de témoignages loyaux assurément, mais évidemment obscurcis par la crise violente dont votre ressort était le théâtre, et qui semblait réclamer votre intervention protectrice.

« Qui non propulsat injuriam a suis, quum « potest, injuste facit. »

Ne l'oublions pas : les seuls biens qu'il soit encore en notre pouvoir de sauver, c'est chacun sa liberté morale, chacun sa dignité, chacun son énergie, chacun le droit de se retirer fièrement et noblement du *banquet* des iniquités sociales.

Je m'explique, et, avec le respect qui est dû à un Magistrat de votre ordre, à mon ancien Chef, je vous mets encore une fois en présence de la vérité, en présence de mes serments, en présence de votre conscience, en présence des regrets qui peuvent un jour vous assaillir.

Votre exemple, Monsieur le Premier Président, pourrait encourager des aveux d'imprudence beaucoup plus importants encore que les vôtres.

Entendez bien, par la pensée, le concert d'imprécations auquel j'eusse été immédiatement voué autour de vous si, les rôles étant changés, j'avais pu devenir la cause d'une affaire comme celle dont je me plains, un autre magistrat en étant la victime. Demandez-vous si la grande excuse de la fatalité des choses a mis ici un seul des éléments multiples sur lesquels on a pu rejeter quelquefois la responsabilité des erreurs judiciaires.

Pour moi, je ne pouvais consentir à couvrir du sacrifice de ma personne le piége dans lequel s'est ici précipitée la Justice disciplinaire, et je dis à cette Justice sur le seuil de mon domaine moral qu'elle a imprudemment attaqué et envahi : Vous vous êtes trompée ; vous vous êtes trompée dans des circonstances où l'erreur vaut la faute. Tous ces actes admis par la Cour de Cassation, ou rejetés par elle, — peu m'importe, je dois ici les prendre et les viser en masse, — ce gouffre insondable de méprises, cet effrayant dédale d'équivoques, ces transformations de mes loyales dépositions en parjures, des devoirs accomplis en délits, de l'honneur en bassesse, des accidents purement matériels en outrages, du pain et du vin du voyageur en agapes et en cliquetis de verres, des nobles souffrances de l'âme en vulgaires émotions, des protestations de la conscience outragée en propos d'habitué de café, de preneur de « *consommations ;* » ces marches et contre-marches sur la voie publique, pour me remettre aux mains et à la discrétion de Magistrats tout-puissants dans leurs témoignages ; ces gestes, ces yeux fixes, ces libations et ces crachats ; enfin, toute cette série de basses vilenies ou d'odieux délits dont, pendant deux jours, à l'enquête, pendant deux jours, devant la Cour de Cassation, on a souillé mes oreilles et mon imagination : je n'en veux point, je les repousse avec indignation.

Je répudie ces enquêtes de science et de pratique nouvelles, qui, dédaigneuses des contre-épreuves et des confrontations, discrètes à faire peur sur les imputations odieuses qu'elles recueillent, finiront par n'être autre chose que l'enregistrement judiciaire de la calomnie, le chant de triomphe des calomniateurs, en attendant qu'elles se fassent, au point de vue de leur direction, l'objet des convoitises de juges ambitieux et cruels, le plus bel ornement des carrières réussies, et qu'elles substituent à un acte de sacerdoce l'art d'enchâsser les œuvres de devoir d'une victime choisie dans le cercle infernal des abominations rêvées par les bourreaux.

Avec la même énergie je repudie ces *acquittements* qui, à propos d'actes exécrables, se contentent de dire qu'ils « *ne paraissent pas suffisamment établis.* »

Arrière donc l'ensemble des Instructions ; arrière chaque chef de condamnation ; arrière ces acquittements insuffisants ; arrière à jamais cette mainmise sur ma personne physique en même temps que sur ma personne morale, et qui, à travers les exploits les plus inouïs, va jusqu'à profiter des accidents matériels de la nature pour commettre la première à souiller la seconde ! Il y a là une œuvre, il y a là un édifice qui me fait trembler et qui ne m'aura pas plus longtemps pour colonne principale, pour clef de voûte passive, pour obéissante cariatide. Je m'en détache laissant aux architectes, aux ouvriers, aux décorateurs le soin de se disputer sur le partage des matériaux ; n'acceptant, sur ma toge enfermée sans remords, par un atome de poussière issu de la construction, de la chûte ou des décombres.

Je fuis, car mon œuvre, mon édifice, à moi, c'est ma conscience sans effroi, c'est mon honneur sans atteinte, c'est ce sanctuaire intérieur d'une justice que je n'ai jamais trahie. Grâce à Dieu ! dans les plis de cette toge dont je viens de parler, ce que j'abrite à la place de froissements imprimés par des actes judiciaires inacceptables, par des condamnations erronées, par des heurts d'huissiers fourvoyés, c'est ce que l'on trouve dans un drapeau fièrement porté jusqu'à la mort de celui qui était chargé de le défendre.

Je fuis ; mais avant je veux vous faire ma confession ; veuillez m'écouter, voici mes crimes :

Je me suis prêté à l'enquête jusqu'à sa consommation ; je l'ai crue, au début, une entreprise de défense en ma faveur ; je me suis laissé ballotter pendant deux jours, par la générosité de mes sentiments, entre l'effroi des questions qui m'étaient faites et l'espérance qu'on recueillait dans mes loyales réponses des armes contre les calomniateurs ; j'ai cru qu'une pareille machine de guerre devait renfermer, comme surprise inconnue à un magistrat d'une situation aussi modeste que la mienne, un secours quelconque contre les avanies auxquelles étaient soumis les jugements du Tribunal, à savoir, leur métamorphose à la Chambre en « *décisions qui révoltent la conscience publique*, » et leur modification par la voie d'appel au moyen de la suppression de quelque pièce qui avait servi à former l'opinion des premiers juges.

En ces points, je le reconnais, ma confiance a été coupable ; l'opinion que je m'étais faite de la sainteté des fonctions judiciaires m'a aveuglé ; le bon témoignage de ma conscience m'a perdu. Evidemment il eût fallu descendre à un niveau qui n'était pas le mien. Eh bien, c'est pour ne l'avoir point fait que je suis resté au-dessous de mes fonctions, que j'ai méconnu la dignité de la Justice, que j'ai oublié les devoirs de ma profession. Mon devoir indiqué était de me soustraire à l'enquête au moment précis où je me suis aperçu que la poursuite s'attaquait exclusivement à des actes commandés par ma situation de Président, par mon serment, par les exigences journalières de la vie sociale et matérielle auxquels il suffisait, avec l'appui de concomitances dont les témoins eux-mêmes étaient les auteurs, avec le secours de l'interprétation hardie, d'ajouter arbitrairement des intentions coupables.

Le domaine de la Justice était évidemment dépassé : Magistrat, je devais en prendre acte et me retirer pour ne plus obéir qu'à la force irrésistible.

Je ne l'ai point fait : que les hommes de cœur me pardonnent, et Dieu sauve la Justice !

Veuillez agréer, Monsieur le Premier Président, l'expression de mon respect.

A. DE LA SALLE.

Quimperlé, Avril 1886.

QUIMPERLÉ. — IMPRIMERIE TH. CLAIRET, GRAND'RUE.

www.ingramcontent.com/pod-product-compliance
Ingram Content Group UK Ltd.
Pitfield, Milton Keynes, MK11 3LW, UK
UKHW020930180726
13838UKWH00002B/863